Jürgen Rausch · Christine Cramer
Anna Hummelbrumm · Birgitt Kiefer
Carola Müller · Isolde Weiß

Handreichungen zur Schulkindbetreuung/Schulassistenz

Band 2: Praxis

edition winterwork

Bibliografische Informationen der Deutschen Nationalbibliothek:
Die Deutsche Nationalbibliothek verzeichnet diese Publikation in der Deutschen Nationalbibliografie. Detaillierte bibliografische Daten im Internet über http://www.d-nb.de abrufbar.

Nachdruck oder Vervielfältigung nur mit Genehmigung des Verlages gestattet. Verwendung oder Verbreitung durch unautorisierte Dritte in allen gedruckten, audiovisuellen und akustischen Medien ist untersagt. Die Textrechte verbleiben beim Autor, dessen Einverständnis zur Veröffentlichung hier vorliegt. Für Satz- und Druckfehler keine Haftung.

Jürgen Rausch, Christine Cramer, Anna Hummelbrumm,
Birgitt Kiefer, Carola Müller, Isolde Weiß
»Handreichungen zur Schulkindbetreuung/Schulassistenz.
Band 2: Praxis« 2. Auflage
Veröffentlicht mit freundlicher Unterstützung
durch die Stadt Lörrach und die Stadt Rheinfelden

www.winterwork.de
© 2016 edition winterwork
2. Auflage 2016
Alle Rechte vorbehalten.
Satz: contexta, Düsseldorf
Umschlag und Illustrationen: Cathrin Caspari, Freiburg
Druck und Bindung: winterwork, Borsdorf

ISBN 978-3-86468-540-8

Jürgen Rausch · Christine Cramer
Anna Hummelbrumm · Birgitt Kiefer
Carola Müller · Isolde Weiß

Handreichungen zur
Schulkindbetreuung/Schulassistenz

Band 2: Praxis

Mit einem Geleitwort von
Massimo Zuccolillo

Geleitwort

Die Schulkindbetreuung versteht sich als ergänzendes Angebot im Ganztagesschulbetrieb zur verlässlichen Grundschule bzw. als schulergänzendes Angebot für die Sekundarstufe I. Neben Betreuungsaufgaben haben die Mitarbeitenden in der Schulkindbetreuung auch einen Bildungs- und Erziehungsauftrag, der zunehmend mehr an Bedeutung gewinnt, insbesondere vor dem Hintergrund von Schulentwicklungsprozessen und Qualitätssicherungsmaßnahmen in den Schulen.

Im Zuge dieser Entwicklungsprozesse ist die Schulkindbetreuung gefordert mehr und mehr in eine Angebotsstruktur zu wechseln. Also zieldifferente Angebote anzubieten, die geeignet sind, Schüler und Schülerinnen in ihrer Entwicklung individuell zu fördern, sie in ihren Potenzialen anzusprechen, diese zu wecken und ihnen darüber hinaus Kompetenzen zu vermitteln, die im Sinne von Rauschenbachs Alltagsbildung geeignet sind zu einer selbstbestimmten Lebensbewältigung beizutragen.

Die Stadt Rheinfelden (Baden) betrachtet Bildung und Vereinbarkeit von Familie und Beruf als zwei zentrale Aufgabengebiete und engagiert sich in den beiden Bereichen in außerordentlichem Maße. Neben Betreuung in den Kindertagesstätten und anderen Einrichtungen ist die Schule und die Betreuung von Schulkindern ein zentrales Tätigkeitsfeld.

In den vergangenen Jahren stand die Weiterentwicklung der Schullandschaft im Vordergrund. Durch die Zusammenlegung der Hauptschulen auf einen Schulstandort und die Einrichtung von Ganztagesschulen an allen weiterführenden Schulen sowie die Erweiterung der Betreuungsangebote an den Grundschulen, ist die Schulkindbetreuung zu einem wesentlichen Bestandteil dieser Entwicklung geworden.

Die Betreuung von Schulkindern steht in einem engen Zusammenhang mit den veränderten gesellschaftlichen Gegebenheiten. Mit gewandelten Familienstrukturen, fehlenden Angehörigen vor Ort und einer zunehmenden Zahl von alleinerziehenden Eltern, sowie vermehrter Berufstätigkeit beider Elternteile, wurden neue Herausforderungen an die Gestaltung der Schulbetreuung durch die Stadt gestellt. Hinzu kommt der heutzutage stetig steigende Anspruch der Eltern an die Qualität der Bildung. Die Stadt Rheinfelden (Baden) hat dabei ihre Aufgaben als Schulträger wahrgenommen und legt besonders großen Wert auf die Weiterqualifizierung des Betreuungspersonals.

Die Betreuungsangebote an den Rheinfelder Schulen werden dabei nicht nur von städtischen Angestellten übernommen. Tatsächlich sind es hauptsächlich die außerschulischen Partner wie der SAK (Sozialer Arbeitskreis e.V.), das Diakonische Werk, die Kaltenbach-Stiftung „Tutti Kiesi" sowie die AWO (Arbeiterwohlfahrt), die dieses Angebot abdecken.

Um ein hohes Maß an Qualität dieses Betreuungsangebots zu gewährleisten, bedarf es regelmäßiger Möglichkeiten zur Weiterentwicklung unseres engagierten und motivierten Personals. Die Stadt Rheinfelden (Baden) bedankt sich an dieser Stelle bei Dr. Jürgen Rausch, dem Geschäftsführer des Sozialen Arbeitskreises Lörrach e.V., der mit dem vorliegenden Werk zur Schulkindbetreuung eine praxisorientierte und überaus fruchtbare Lektüre zur Verwirklichung dieses Ziels geschaffen hat.

Die Stadt unterstützt in diesem Rahmen selbstverständlich auch die Weiterqualifizierung des Betreuungspersonals in finanzieller Hinsicht. Wir wünschen allen Teilnehmenden viel Erfolg bei dem Lehrgang und viel Freude bei der zukünftigen Tätigkeit in der Schulkindbetreuung.

Rheinfelden, im Sommer 2013   Massimo Zuccolillo

Einführung

Die Schulkindbetreuung ist mittlerweile zu einem wesentlichen Bestandteil des schulischen Angebotes an allgemein bildenden Schulen geworden. Umso erstaunlicher ist, dass sie im Schatten der laufenden Schulentwicklungsprozesse und somit jenseits von Qualitätskriterien einer gelingenden Schule ihr Dasein fristet.

Ausgehend von der Forderung nach einer verlässlichen Grundschule und der sich daran anschließenden Entwicklung hin zur Ganztagesschule, wird die Schulkindbetreuung sukzessive ausgebaut. Für die jeweilige Schule heißt das, dass sie zusätzliches Personal hat, das hinsichtlich des Anstellungsstatus, der Qualifikation und der Präsenz während des Schultages eine Sonderstellung einnimmt.

Die Mitarbeitenden der Schulkindbetreuung sind ausnahmslos im Anstellungsverhältnis eines Sozialunternehmens oder einer Kommune tätig und aufgrund des Arbeitsschwerpunktes in der Regel mit einem Stellendeputat zwischen 30% und 80% angestellt. Um Belegungsspitzen an einzelnen Tagen abfangen zu können oder für die Betreuung des Mittagstisches werden zusätzlich geringfügig beschäftigte Mitarbeitende den Betreuungskräften durch die jeweiligen Anstellungsträger zur Seite gestellt.

Ungeachtet der Vorqualifikation, des Anstellungsstatus oder des Stellendeputats, ist die Erwartungshaltung an eine gute Arbeit mit den Kindern von Seiten der Eltern, der Schule, der Kostenträger und der Jugendhilfe ähnlich hoch wie etwa gegenüber dem professionellen Lehrpersonal, der Schulsozialarbeit oder dem schulpsychologischen Dienst. Ungeklärt ist in der Praxis, welche Zielsetzungen die Schulkindbetreuung zu verfolgen hat. Der Betreuungsbegriff wird im Kontext von Schule meist in der Trias Bildung – Erziehung – Betreuung gebraucht. Was unter Betreuung im schulischen Kontext gemeint sein soll, lässt sich vor dem Hintergrund der täglichen Praxis und der nicht klaren Auftragsklärung nur schwer bestimmen. Gerade mit Blick auf Ganztagskonzepte fordern HANS GÜNTHER HOMFELDT und MARIE SCHNEIDER eine Klärung des inflationär und diffus gebrauchten Betreuungsbegriffs im Zusammenhang mit Ganztagskonzepten für die Schule (vgl. 2008, 495). Betreuung in seiner etymologischen Bedeutung umschreibt einmal eine Situation in der eine Person vorübergehend jemanden in seiner Obhut hat bzw. für jemanden oder etwas Sorge trägt (vgl. Augst 1998, 1506). Zum anderen ist damit die Verantwortung für eine Sache oder einen Ablauf gemeint. Im Kontext des Zwölften Kinder- und Jugendhilfeberichts wird Betreuung als Versorgung, Hilfe, Fürsorge, soziale Unterstützung oder Sorge (care) gebraucht (vgl. Barthelmes 2005, 25) und folgt damit der Entwicklungs- und Ideengeschichte Sozialer Arbeit und zielt einerseits auf die Sicherstellung grundlegender Bedürfnisse ab. Der Hilfebegriff dagegen weist auf das SGB VIII und die Wahrnehmung einer gesellschaftlichen Unterstützungspflicht hin. Eine weitere rechtliche Verankerung findet sich für Baden-Württemberg im Kindertagesstätten-Gesetz (KiTaG BaWü), das Aufgaben und Ziele der Tageseinrichtungen für Kinder regelt. Als Aufgabe und Ziele werden in § 21 KiTaG BaWü neben der Förderung der Entwicklung des Kindes, die Unterstützung und Ergänzung der Erziehung und Bildung des Kindes in der Familie sowie die Betreuung als Beitrag zur Vereinbarung von Berufstätigkeit und Kindererziehung genannt.

Zum grundlegenden Verständnis der o.g. Bezugslinien gehört es, Bildungs-, Erziehungs- und Betreuungshandeln zusammengenommen als pädagogisches Handeln zu verstehen. Diesem Umstand Rechnung tragend, wendet sich diese Handreichung an Einrichtungen und Träger von Schulkindbetreuungsangeboten mit dem Ziel eine Grundqualifizierung des Personals hinsichtlich der pädagogischen und organisatorischen Herausforderungen sicherzustellen und damit einen Beitrag zur Qualitätsentwicklung der Einzelschule zu leisten. Die Handreichung zur Schulkindbetreuung umfasst 3 Bände, die als Begleitmaterial für ein ca. 100 Unterrichtseinheiten umfassendes Seminar eingesetzt werden kann. Das Seminar für Schulkindbetreuer ist modular aufgebaut und umfasst 8 Module. Band 1 »Grundlegungen« skizziert die theoretischen Fundamente und das relevante Grundwissen, bevor mit Band 2 »Praxis« die Schulkindbetreuung in den Bezug zur schulischen Praxis beleuchtet wird. Band 3 wendet sich der »Organisation« von Schulkindbetreuung im System Schule zu. Alle drei Bände eignen sich sowohl für das Selbststudium als auch für die Fortbildung von Personal in der Schulkindbetreuung. Ergänzend zu diesem Lehr- und Lernmaterial können von den Referent_innen[1] individuell abgestimmte ergänzende Unterlagen eingesetzt werden.

Übersicht der Module:

(Band 1 - Grundlegungen)

Modul 1 Grundwissen
Modul 2 Begründungslinien der Schulkindbetreuung
Modul 3 Theorien zu Lernen, Bildung

(Band 2 - Praxis)

Modul 4 Schulkindbetreuung – Schulassistenz
Modul 5 Vielfalt – Heterogenität und Inklusion

(Band 3 - Organisation)

Modul 6 Schulorganisation
Modul 7 Schulrecht
Modul 8 Leitung in der Schulkindbetreuung

Begleitend zu den drei Bänden wird eine Fortbildungsreihe konzipiert, um im Rahmen von Präsenzveranstaltungen die skizzierten Inhalte und Schwerpunkte adressatengerecht umzusetzen. Ein erstes Ziel ist es, eine Qualifizierung von Betreuungskräften in der Schule zu erreichen. Als ein weiteres Ziel steht die Etablierung von

---

[1] Im Folgenden wird zu Gunsten der besseren Lesbarkeit auf die Nennung beider Geschlechter mehrheitlich verzichtet, sofern es im jeweiligen Zusammenhang nicht auf das Geschlecht ankommt. Generell wird stattdessen die sogenannte nicht markierte Form (z. B. der Schüler) verwendet. Für den gesamten Text gilt, dass diese Form als Synonym für beide Geschlechter vereinfacht verwendet wird und alle männlichen und weiblichen Personen gleichberechtigt gemeint sind.

Schulassistenten in der Schule. Das vor dem Hintergrund, dass zunehmend pädagogische Fachkräfte von den Schulen mit besonderem Profil (Integrative Schulen, Ganztagesschulen, Schulen für Schüler mit besonderem Förderbedarf) gefordert werden.

Mit der Qualifizierungsmaßnahmen sollen Perspektiven eröffnet werden, über die reine Betreuung hinaus, lernergänzende Angebote, binnendifferenzierende Maßnahmen über den ganzen Schultag hindurch in Absprache mit dem Lehrpersonal anbieten zu können. Eine solche Schulassistenz wäre dann stärker in den Schulalltag eingebunden. Bildung über den ganzen Tag liese sich im Wechselspiel von schulischen und schulergänzenden Angeboten leichter und verlässlicher realisieren.

Der vorliegende Band 2 widmet sich stärker der schulischen Praxis. Beleuchtet organisationale und berufspraktische Perspektiven der Schulkindbetreuung und Schulassistenz und geht auf besondere Herausforderungen im Umgang mit Vielfalt ein. Zentral ist der Wunsch mit Band 2 das eigene Handlungsspektrum zu bereichern und die theoretischen Grundlegungen aus Band 1 methodisch in die Praxis zu transformieren. Mit Band 3 werden dann die schulischen, schulrechtlichen Rahmenbedingungen sowie das Thema Führung und Leitung von Teams in der Schulkindbetreuung/Schulassistenz diskutiert.

In Planung ist ein Band 4. Darin werden speziell die für die Schulassistenz bedeutsamen Themen erörtert werden und als Grundlage für eine weitere auf Band 1 bis 3 aufbauende Fortbildung dienen.

Inhalt

Geleitwort 5
Einführung 7
Inhalt 11
Abbildungsverzeichnis 13
1 Schulkindbetreuung – Zugänge zur Praxis 15
   1.1 Organisation der Schulkindbetreuung 15
   1.2 Sozialpädagogisches Handeln 25
   1.3 Gruppenpädagogik – Einführung und Bezüge zur Schulkindbetreuung 35
   1.4 Exkurs zu TZI 47
   1.5 Gesundheitsförderung 58
2 Schulkindbetreuung konkret 77
   2.1 Pädagogische Angebote 77
   2.2 Das Spiel 82
   2.3 Bewegung und Lernen in der Schule 87
   2.4 Planung und Umsetzung Pädagogischer Angebote .. 93
3 Managing Diversity in der Schule 105
   3.1 Organisation des Umgangs mit allen und jedem 105
   3.2 Managing Diversity als Lehrerkompetenz 109
   3.2 Integration und Inklusion – ein Diskurs 112
   3.3 Umgang mit Vielfalt in Gruppen – die Praxis 119
   3.4 Interkulturalität und Interreligiosität 125
4 Lesetexte 133
   4.1 Lesetext 1 „Themenzentrierte Interaktion Cohn" 133
   4.2 Lesetext 2 Herbert Gudjons: Die themenzentrierte Interaktion 139
   4.3 Lesetext 3 Eckwerte Interkulturalität 144
   4.4 Lesetext 4 Coaching nach dem Mündener Modell ... 149
5 Literaturauswahl 155
6 Register 159

Abbildungsverzeichnis

Abbildung 1	Akteure für das Kindeswohl	22
Abbildung 2	Interventionsmaßnahmen	34
Abbildung 3	Hierarchie der Motive	39
Abbildung 4	Vereinfachtes Kommunikationsmodell	40
Abbildung 5	Vereinfachtes Kommunikationsmodell	41
Abbildung 6	Phasenmodell	46
Abbildung 7	Das Dreieck	49
Abbildung 8	Rolle und Gruppen	51
Abbildung 9	Eisbergmodell	57
Abbildung 10	Ebenen der pädagogischen Planung	78
Abbildung 11	Spielformen	84
Abbildung 12	Aspekte für Schulhofgestaltung	91
Abbildung 13	Vorbereitung eines pädagogischen Angebotes.	95
Abbildung 14	Planungsschritte Angebote	102
Abbildung 15	Schulmodell potenzialorientierte Pädagogik	108
Abbildung 16	3-stufiges Enrichment	110
Abbildung 17	Inklusion & Integration	116
Abbildung 18	Übersicht Bedingungen für erfolgreiches Lernen	122
Abbildung 19	Übersicht Bedingungen für erfolgreiches Lernen	123

1 Schulkindbetreuung – Zugänge zur Praxis

Worum geht es?
- Organisation
- Sozialpädagogisches Handeln
- Gruppenpädagogik

1.1 Organisation der Schulkindbetreuung

<u>Zur Bestimmung</u>

Die Schulkindbetreuung gilt als ein Ganztagsangebot für Schulkinder. Dieses Angebot umfasst die sich an den Unterricht anschließende oder vor dem dem Unterricht liegende Zeit und stellt ein verlässliches Angebot dar, welches ein gemeinsames Mittagessen und die Aufsicht oder Unterstützung bei den Hausaufgaben beinhaltet und zusätzlich verschiedene Freizeitangebote ermöglicht (vgl. Deinet 2005, 575). Meist bedarf es bei dieser Angebotsform einer festen Anmeldung.

> *„Es besteht der sichere Rahmen einer überschaubaren Kleingruppe (wenn die Standards stimmen!) [Hervorh. im Original] mit verlässlichen Bezugspersonen (Fach- und Honorarkräfte)."* (Deinet 2005, 575)

Angeboten wird je nach Angebotsform die Betreuung der Randstunden, also der ersten und sechsten Schulstunde, ein gemeinsames Mittagessen, die Begleitung der Hausaufgaben und verschiedene Aktionen im Rahmen der Freizeitgestaltung. Die Gruppengrößen der einzelnen Angebote variieren je nach Standort und personellen und räumlichen Ressourcen. Da häufig eine flexible

Buchung einzelner Tage ermöglicht wird, kann die Gesamtzahl der angemeldeten Kinder pro Standort wesentlich höher sein, als die jeweilige Tagesgruppe.

Die räumlichen Gegebenheiten können ebenfalls sehr different sein und richten sich zum einen nach der Größe der Kindergruppe, zum anderen nach den Situationen und Möglichkeiten an der jeweiligen Schule. Meist steht mindestens ein eigener Raum für die Kernzeitbetreuung und das Freizeitangebot zur Verfügung, ein Raum zum gemeinsamen Mittagessen und ein Klassenzimmer für die Hausaufgabenbegleitung. Zusätzlich kann jeweils das Außengelände oder der Schulhof mitbenutzt werden. Die Größe der Räumlichkeiten und die Nutzung des gesamten Schulgebäudes hängen von den Begebenheiten vor Ort und den jeweiligen Schulleitungen ab. Der nationale Kriterienkatalog „QuaST" (**Qua**lität für **S**chulkinder in **T**ageseinrichtungen und Offenen Ganztagsgrundschulen) weist darauf hin, dass Kinder die Möglichkeit benötigen, täglich die Erfahrung zu machen, ihre Lebensräume den eigenen Bedürfnissen, Vorstellungen und Interessen entsprechend eigenständig gestalten, verändern und nutzen können (vgl. Strätz et al 2008, 101-102). Dies bedeutet, dass nicht nur die dafür nötigen Räume, sondern auch die damit verbundenen Materialien vorhanden sind.

Da es keine gesetzlichen Vorgaben zum Qualifikationsprofil der Mitarbeitenden in der Schulkindbetreuung gibt, wird hier empfohlen, dass mindestens die Stelle der Teamleitung und einer Stellvertretung durch eine pädagogische Fachkraft besetzt werden. Zusätzlich arbeiten Praktikantinnen und Praktikanten, Absolventinnen und Absolventen eines Freiwilligen Sozialen Jahres, geringfügig Beschäftigte, Honorarkräfte und Auszubildende in den Teams. Neue Chancen ergeben sich durch die Einbindung von Tagespraktikanten der Fachschulen für Sozialpädagogik, angehende Erzieherinnen und Erzieher. Diese garantieren eine fachtheoretische Aktualität in die Praxis und regen dazu an neue Ansätze der pädagogischen Arbeit unmittelbar in die praktische Arbeit einzubringen und tragen dazu bei, dass die Praktiker ihr jeweiliges Handlungsspektrum reflektieren und ihre Handlungskompetenzen sukzessive erweitern.

Das gemeinsame Mittagessen, als „Herzstück" (Kamski 2008, 567) der ganztägigen Bildung im Rahmen der Schulkindbetreuung beinhaltet sowohl organisatorische, als auch gesundheitliche sowie gemeinschaftsfördernde und gemeinschaftsbildende Aspekte (vgl. Kamski 2008, 566). Die zu bedenkenden organisatorischen Aspekte sind zum einen räumlicher und personeller Art (Wo findet das Mittagessen statt? Wie viele Kinder können zeitgleich essen? Wie ist die Essensausgabe organisiert?) zum anderen spiegelt sich hier aber auch bei konsequenter Umsetzung das pädagogische Konzept der Schulkindbetreuung wieder (Können die Kinder eine Mahlzeit auswählen? Sind die Kinder für die Reinigung der Tische mitverantwortlich?). Gesunde Ernährung kann inzwischen als Grundsatz des gemeinsamen Mittagessens benannt werden. Darüber hinaus beinhaltet der gesundheitliche Aspekt, unabhängig vom Verpflegungssystem (Frischkostsystem, Relaisküchensystem, Verteilerküchensystem, Mischküchensystem), die Beachtung der Hygienevorschriften, aber auch atmosphärische Gegebenheiten. Als Beispiele können hier der Lärmpegel, Sauberkeit und auch dekorative Elemente im Essensbereich genannt werden sowie die Einhaltung der individuellen Vorgaben und Regelungen der Schule (vgl. Kamski 2008, 568). Das gemeinsame Mittagessen beinhaltet nicht nur die bloße Nahrungsaufnahme. Vielmehr sind gerade gemeinschaftsfördernde und -bildende Aspekte von besonderer Bedeutung. Die Kinder haben die Möglichkeit miteinander, aber auch (je nach Konzept) mit dem Lehr- oder Betreuungspersonal zu kommunizieren, sich besser kennenzulernen und Erlebnisse des Vormittages auszutauschen. Des Weiteren werden Kulturformen kennengelernt und eingeübt. Bedingt durch klare Absprachen und die jeweiligen Konzepte ist es den Kindern möglich, im Rahmen der Essensvorbereitung (z. B. Tisch decken), der Ausgabe oder der Nachbereitung (z. B. wechselnder Tischdienst) in die Arbeit einbezogen zu werden und dadurch Verantwortung zu erleben und zu erlernen. „Mensen mit Bahnhofscharakter, die Schüler(inne)n nach Beliebigkeitsprinzip ohne Teilnahme von Lehrkräfte (sic!) und weiteren Erwachsenen das Mittagessen ermöglichen, erscheinen nicht als geeignete Maßnahme, die Persönlichkeitsentwicklung von Kindern und Jugendlichen in Ganztagsschulen zu fördern." (Kamski 2008, 568).

Gesunde Ernährung als Leitprinzip der Gesunden Schule

Der Versuch die unterschiedlichen Definitionen des Begriffes „Hausaufgaben" mit daraus folgenden allgemeingültigen Funktionen zu beschreiben, lässt die anschließenden vier Aspekte als sinnvoll erscheinen (vgl. Höhmann, Schaper 2008, 577):

1. Durch die Erledigung der Hausaufgaben werden die Eltern über den Lernstand und Lerninhalt ihres Kindes informiert.
2. Um die Hausaufgaben angemessen erledigen zu können, benötigen die Kinder eine gewisse Disziplin. Es kann deshalb von einer Förderung der Disziplin gesprochen werden.
3. Das Wiederholen der Lerninhalte oder auch die Vorbereitung neuer Themen fördert die Lernentwicklung der Schulkinder.
4. Hausaufgaben bieten dem Lehrpersonal die Möglichkeit die Leistungen der Kinder zu überprüfen und zu bewerten.

Findet die Begleitung der Hausaufgaben in der Schulkindbetreuung statt, sind räumliche, zeitliche und personelle Aspekte zu beachten sowie die Zusammensetzung der Kindergruppe. Damit die Kinder ihren Aufgaben nachkommen können, sind Nachschlagewerke und andere hilfreiche Arbeitsmaterialien ebenso von Bedeutung, wie die Möglichkeit der PC-Nutzung mit Internetzugang. Die Wichtigkeit des räumlich ausreichenden Arbeitsbereiches für Einzel- und Gruppenarbeiten bleibt hier wegen der Annahme der Selbstverständlichkeit nur erwähnt. Auf Grund der räumlichen und personellen Bedingungen kann davon ausgegangen werden, dass die Zeitspanne, in welcher die Kinder die Möglichkeit haben ihre Hausaufgaben im Rahmen der Schulkindbetreuung zu erledigen, nicht frei wählbar, sondern festgeschrieben ist. Um die zeitliche Belastung der Kinder möglichst gering zu halten und den üblichen Zeiten der jeweiligen Klassenstufen (30- 60 Minuten) gerecht zu werden, ist es sinnvoll eine Einheit von 60 Minuten nicht zu überschreiten. Die personelle Ausstattung im Rahmen der Hausaufgabenzeit richtet sich meist nach der generellen Ausstattung dieser in der Schulkindbetreuung. Da dafür weder gesetzliche Vorgaben zu finden sind, noch allgemeingültige Rahmenbedingungen festgemacht werden können, wird hier davon abgesehen einen Personalschlüssel zu nennen. Vielmehr sind mögliche Ansätze im Bezugskinder-System zu suchen. Hierbei sind die Kinder einer Person des Betreuungspersonals zugeordnet, so dass eine Förderung und Beobachtung des jeweiligen Lern- und Leistungsstandes gewährleistet werden kann. Besonders für Gespräche mit den Eltern und/oder Lehrkräften bietet sich dieses System an um differenzierte Aussagen treffen zu können.

Das freizeitpädagogisch ausgerichtete Programm am Nachmittag kann sowohl als Gruppenangebot für die Gesamtgruppe als auch im Rahmen eines Kleingruppenangebotes oder eines offenen Angebotes, welches freiwillig genutzt werden kann, gestaltet werden. Es lässt sich in folgende Handlungsfelder unterteilen: Spiel, Sport und Bewegung; musisch- kreative Angebote; technisch- handwerkliche Angebote und Angebote im Bereich der „klassischen" und der „neuen" Medien. Diese Handlungsfelder sind entsprechend den Bedürfnissen und den Interessen der Kinder abzudecken. Auf die Durchführung und Hintergründe zu handlungsfeldbezogenen Angeboten wird sowohl im Kapitel „Spiel", als auch in Kapitel „pädagogische Angebote" dieses Bandes näher eingegangen.

Kooperationsmöglichkeiten und Schnittstellen

Der Begriff „Kooperation" ist zumindest in der Fachsprache sozialer und erzieherischer Berufe längst eingezogen, wenn auch mit unterschiedlichen Verwendungen und Bedeutungen. Er leitet sich vom lateinischen Wort *cooperatio* ab und bedeutet „zusammenwirken, gemeinschaftliches Erfüllen einer Aufgabe, Zusammenarbeit". Kooperationen können sowohl zwischen zwei und mehr Personen, als auch Gruppen, Institutionen und Organisationen eingegangen werden. Grundlegend für eine gemeinsame Kooperation ist die verbindliche Formulierung eines gemeinsamen Zieles, welches für alle beteiligten nicht nur bekannt, sondern auch erstrebenswert ist und welches in der festgelegten Form nur gemeinsam erreicht werden kann. Außerdem werden die Selbstständigkeit der Kooperationspartner, die Zusammenarbeit auf freiwilliger Basis, Koordination, Verhandlungen und Motivation als Grundlagen genannt (vgl. Rakhkochkine 2008, 613). Entscheidend ist außerdem, dass Kooperation über Kommunikation erfolgt und nur mit Hilfe dieser gelingen kann. Zu den Grundsätzen der gelingenden Kommunikation finden sie in Band 3 weitere Ausführungen.

Die auch im nationalen Kriterienkatalog QuaST aufgeführten Vernetzungsaufgaben, beinhalten die Zusammenarbeit mit dem Stadtteil und den darin angesiedelten Einrichtungen und Institutionen, das Wissen über weitere Angebote für Kinder und Eltern, die Kooperationen mit anderen Einrichtungen (vgl. Strätz et al. 2008, 78) sowie die Unterstützung der Kinder *„bei der (Rück-) Eroberung öffentlicher Räume"* (Strätz et al. 2008, 78). Für die Schulkindbetreuung bedeutet dies, die Kooperation mit öffentlichen Bildungseinrichtungen zu nutzen. Museen und Bibliotheken stellen in ihrer Vielfalt hervorragende Partner für Freizeit- und Bildungsangebote dar.

Interdisziplinäre Zusammenarbeit als Basis einer gelingenden Unterstützung

Um die Kinder und ihre Familien individuell unterstützen zu können, ist die Zusammenarbeit mit dem Klassen- und Fachlehrpersonal sowie der Schulleitung von besonderer Bedeutung. Gegebenenfalls kann ein Unterstützungsprozess mit Behörden und Beratungsstellen initiiert und mitgestaltet werden. Dabei ist zu beachten, dass sich Einrichtungen der Schulkindbetreuung „als Verknüpfungsstelle von öffentlicher und privater Hilfe" (Strätz et al 2008, 87) zu profilieren haben und dafür sowohl gesellschaftlich anerkannt, als auch von Kostenträgern, Politik und Trägern unterstützt werden (vgl. Strätz et al 2008, 87). Einrichtungen der Schulkindbetreuung haben häufig einen engeren Kontakt zu Kindern und ihren Familien als andere Hilfesysteme, dementsprechend auch eine gewichtige Verantwortung zu tragen und dieser nachzukommen.

Da die räumlichen und personellen Ressourcen der Schulkindbetreuung nur in Schulzeiten aktiviert werden, bieten die Schulferien weitere Möglichkeiten zur Gestaltung an. Eine solche Möglichkeit ist die Durchführung eines Ferienprogrammangebotes, welches zusätzlich die Vereinbarkeit von Beruf und Familien unterstützt. Des Weiteren verhilft ein solches Programm den Kindern Ferienzeit mit Gleichaltrigen sinnvoll zu nutzen und zu gestalten, Freizeitkompetenzen zu erlangen (vgl. Opaschowski; Pries 2008, 430) und Schule als Lebensraum zu entdecken.

Aufgabe
Schreiben Sie die Tagesstruktur Ihres Standortes auf und überlegen sie anhand des Textes, welche Einheiten (Mittagessen, Hausaufgaben, Freizeitpädagogik) Sie als verbesserungsfähig erachten und wie mögliche Verbesserungen aussehen könnten.
Beschreiben Sie Möglichkeiten, wie Museen, Bibliothek usw. an Ihrem Standort sinnvoll in ein pädagogisches Angebot einbezogen werden können.

Reflexionsfragen
1) Welche Fähigkeiten und Kompetenzen bringen sie im Bereich der Kooperation mit und welche könnten ihres Erachtens noch ausgebaut werden? Wer könnte sie dabei unterstützen?
2) Was ist ihrer Meinung nach bei der Begleitung eines Unterstützungsprozesses mit unterschiedlichen Behörden und Beratungsstellen zu beachten?

Zusammenarbeit mit Eltern

Gründe für die Zusammenarbeit mit Eltern
Die Schulkindbetreuung ist mitverantwortlich für die Bildung, Erziehung und Betreuung von Kindern in Ganztagesschulen. Sie ist ein familien- und schulergänzendes Angebot, die sich bestmöglich nach den Bedürfnissen der Familien richtet. Die Schule, das Elternhaus und die Schulkindbetreuung müssen gemeinsam für das Wohlergehen des Kindes Sorge tragen und haben somit die Aufgabe gut und effektiv, für das Kind, zusammen zu arbeiten (siehe Abbildung 1).

Die Schulkindbetreuung spiel für Ganztageskinder ein wesentlicher Aspekt in ihrem Alltag und beeinflusst somit auch die Entwicklung der Kinder. Während der Schulkindbetreuung wird die kognitive, soziale und emotionale Bildung der Kinder gefördert. Studien haben gezeigt, dass die Familienerziehung den größten Einfluss auf die Entwicklung der Kinder hat. Dies bedeutet, dass die Entwicklung des Kindes positiv aber auch negativ beeinflusst wird, je nach familiärer Situation. Die familiäre Situation kann somit ein Risikofaktor für die erfolgreiche Entwicklung eines Kindes darstellen. Insbesondere wenn mehrere belastende Faktoren zusammen wirken, wie z. B. niedriges Bildungsniveau, soziale Stellung oder Migrationshintergrund. Eine qualitativ hochwertige intentionelle Betreuung dieser Kinder, kann ausgleichend wirken und dadurch die Bildungschancen verbessern (vgl. Friedrich 2011, 220).

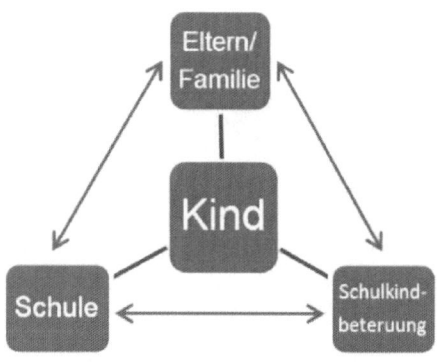

Abbildung 1   Akteure für das Kindeswohl
Quelle: eigen.

Eine gute Zusammenarbeit zwischen Elternhaus und Institution hat in den letzten Jahren an Wichtigkeit zugenommen. Denn für Eltern sind die Institutionen nicht mehr nur ein Bildungs- und Erziehungsort, sondern werden als wichtige Unterstützung in Erziehungsfragen (vgl. Quindel 2011, 118) gesehen. Die Studie „Eltern unter Druck" hat gezeigt, dass *„viele Eltern verunsichert sind, ein Drittel fühlt sich im Erziehungsalltag oft bis fast täglich gestresst, die Hälfte immerhin gelegentlich"* (Henry-Huthmacher 2008, 53). Schulen, die eine enge Zusammenarbeit mit den Eltern führen, können niedrigschwellige Beratungs- und Bildungsangebote für die Eltern anbieten, was wiederum zu einer Erhöhung der Erziehungskompetenz und somit zu einer Verbesserung Chancengerechtigkeit der Kinder führt (vgl. Friederich 2011, 51). Gestützt werden diese Erkenntnisse durch die Ergebnisse aus der Wirkungsforschung. Die Wirkung von Präventivmaßnahmen und Angeboten wird durch eine Einbeziehung der Eltern bzw. des sozialen Umfeldes des Kindes, deutlich gesteigert (vgl. Heinrichs 2002, 84).

Formen der Zusammenarbeit mit Eltern

Es gibt nicht **die Eltern**, weshalb es auch nicht **den Weg** gibt um mit den unterschiedlichen Familien und Eltern Kontakt aufzunehmen und mit ihnen zusammenzuarbeiten.

HANS THIERSCH hat die verschiedenen Erwartungen der Eltern in Bezug auf die Zusammenarbeit mit Kindertageseinrichtungen untersucht. Diese Erwartungen lassen sich auch für die Zusammenarbeit mit der Schulkindbetreuung übertragen. Hierbei hat THIERSCH vier verschiedene Grundmodi extrahieren können. Den Modus der Identifikation haben Eltern, die genau wissen wollen was, wie in der Einrichtung gemacht wird. Eltern, die praktische Erziehungstipps wollen und die Verantwortung über die Bildung und Erziehung gerne abgeben, gehören dem Modus der Delegation an. Eltern, die sich eine Beratung über die Lebensführung erhoffen, werden unter dem Modus der Beratungsbedürftigkeit zusammengefasst. Der Modus der Unterstützung verweist auf Eltern, die praktische Unterstützung von den Mitarbeitern der Institution zu ihrer Lebensführung erwarten. Die hier vorgestellten Modi sind in der Realität in der Regel nicht eindeutig auszumachen, meist sind Mischformen vorzufinden (vgl. Thiersch 2006, 218).

Durch diese kurze Klassifizierung von Thiersch wird jedoch bereits deutlich, dass es unterschiedlichen Angeboten geben muss, um den Ansprüchen einer guten Zusammenarbeit mit den Eltern gerecht zu werden. Zu dem Formen der Zusammenarbeit mit Eltern gehören die Einzelarbeit, die Gruppenarbeit und die mediale Form. In der Einzelarbeit mit den Eltern geht es in erster Linie um den Austausch zwischen dem Elternhaus und der Institution über das Kind. Hierzu können verschiedene Formen wie Tür- und Angelgespräche, Entwicklungsgespräch, Hausbesuche, Hospitationen, Eltern-Kind-Interaktionsbeobachtung oder Elternsprechtage angeboten werden.

Bei der Gruppenarbeit werden entweder alle Eltern oder spezifische Gruppen von Eltern angesprochen. Die häufigste Form hierbei sind die Elternabende (zu bestimmten Themen, mit externen Referenten usw.), aber auch Themennachmittage, Feste, Eltern-Kind-Wochenenden, Eltern-Cafés, Elternkurse oder der Elternbeirat gehören zu den Gruppenangeboten dazu.

Elternzusammenarbeit braucht unterschiedliche Angebote und Methoden, um gelingen zu können.

Die mediale Form der Zusammenarbeit ist besonders in Schulen ein wesentlicher Teil, da hier oftmals keine Tür- und Angelgespräche stattfinden können, weil die Kinder alleine zur Schule kommen. Im Zeitalter von E-Mail und Internet ist es zu dem eine sehr niedrigschwellige Form der Zusammenarbeit. Zu dieser Form zählen: Elternbriefe und -mails, Fotowände, Ausstellungen, Schulzeitungen, Homepage oder Elternbefragungen. Für die Praxis bedeutet dies, dass verschiedene Wege der Zusammenarbeit mit Eltern genutzt werden sollen, um möglichst viele Eltern zu erreichen. Auch muss die Art abgestimmt sein auf das jeweilige Anliegen der Zusammenarbeit mit den Eltern.

Aufgabe
Planen Sie am Beispiel eines aktuellen Anlasses, wie Sie Kontakt zu Eltern aufnehmen können, auf Grund der folgenden Fragen:
Soll es eine reine Informationsweitergabe sein oder will ich mit Eltern in den direkten Austausch gehen?
Ist es ein einmaliges Anliegen oder soll es regelmäßigen Austausch geben?

Will ich alle Eltern dabei haben oder ist eine Auswahl (z.B. der Elternbeirat) ausreichend?

Reflexionsfragen
1) Woran liegt es, dass die Zusammenarbeit mit den Eltern in den letzten Jahren immer wichtiger geworden ist?
2) Welche Elterntypen hat Thiersch in seiner Studie extrahieren können?

1.2 Sozialpädagogisches Handeln

Der Begriff „Sozialpädagogik" findet 1844 bei KARL MAGER und Friedrich Diesterweg Anwendung und taucht ca. 55 Jahre später, um 1900, bei PAUL NATORP wieder auf. MAGER verstand unter Sozialpädagogik zu seiner Zeit den Inbegriff besonderer neuer pädagogischer Aufgaben und Einrichtungen, die als Antwort auf typische Probleme der modernen Gesellschaft notwendig wurden. Als Zielgruppe bzw. als Handlungsfelder der Sozialpädagogik werden heute Kinder, Jugendliche, junge Erwachsene und deren Familien angesehen und umfasst jene Anstrengungen, die darauf abzielen, mit Hilfe pädagogischer Handlungskompetenz Lösungen zur Problembewältigung anzubieten, die sich auf einen sozialen Problemhintergrund begründen.

Mit LOTHAR BÖHNISCH ist das *„klassische pädagogische Jugendgesetz"* in Frage zu stellen: *„Jugend bedeutet, heute etwas zu lernen, heute auf etwas zu verzichten, um morgen wer zu sein"*. (Böhnisch 1992, 15-17)Die heutige Jugend drängt auf ein Leben in der Gegenwart, orientiert sich an einem Menschbild aus der Aktualität ihrer Lebensäußerungen heraus. Gleichzeitig ist sie aber mit sozialen Bewältigungsproblemen konfrontiert, wie man sie traditionell dem Jugendalter nicht zugeschrieben hat (vgl. Böhnisch 1992, 15-17). Sozialpädagogische Handlungsansätze rekurrieren auf diesen Kontext mit dem Ziel Lebensbewältigungskompetenz zu vermitteln und vermittelt zwischen einer Interdependenz von Erziehung und Sozialisation.

Nach der „modernen Sozialpädagogik" gefragt, stellt KLAUS MOLLENHAUER die Frage, ob die Sozialpädagogik eine Art Feuerwehrfunktion hat und gesellschaftlich begründete Problemlagen lediglich mildert oder ob sie in pädagogischer Reflexion der gesellschaftlichen Verhältnisse die Notwendigkeit einer gesellschaftspolitischen Intervention aufzeigt, um die Ursachen an den Wurzeln zu verändern (vgl. Mollenhauer in Gudjons 2003, 328). Für das Handlungsfeld Schule zeichnen sich dabei zwei zentrale Bereiche der sozialpädagogischen Intervention und Prävention ab:

- Gewalt und Aggression
- Devianz und Delinquenz

Sozialpädagogik als Stimme zur Veränderung gesellschaftlicher Bedingungen.

„Jugend und Gewalt" sind in unserer mediendominierten Gesellschaft seit den 90 Jahren zu einem Dauerthema geworden. Jugendliche werden mitunter pauschal als gewaltbereit etikettiert und die Berichterstattung über spektakuläre Gewaltvorfälle (z. B. Amokläufe) geschieht auf Kosten der Seriosität, weil emotional sehr stark aufgeladen und aufgrund einer dem Ereignis geschuldeten Sprachlosigkeit. Tat und Täter werden medial gepuscht und bisweilen heroisiert und die Opfer und ihre Angehörigen mitunter bloß gestellt oder dem Voyeurismus preisgegeben. Eine derartige dauerhafte mediale Präsenz von Tat, Täter, Opfern und Angehörigen indiziert schwerwiegende Folgen. Die Kriminalitätsfurcht bzw. die „gefühlte Kriminalität" in der Bevölkerung steigt. Dabei haben die Bürger wenige Möglichkeiten, sich ein objektives Bild zu machen. Nachahmungs- und Nachfolgetaten werden wahrscheinlicher (vgl. Schubarth 2013, 9). Das Gewalt- und Aggressionspotenzial nimmt zu.

Aggressivität ist eine angeborene menschliche Eigenschaft und die auftretenden aggressiven Energien und Impulse lassen sich unterschiedlich erklären (vgl. Schubarth 2013, 22-34):

- Aggressionen als Folge eines Triebes
- Aggressionen als Reaktionen auf Frustrationen
- Aggressionen als Folge von Lernprozessen
- Aggressionen entwicklungspsychologisch bedingt
- Aggressionen als Ausdruck kognitiver Prozesse
- Aggressionen als Folge eines bedrohten Selbst
- Aggressionen als Folge physiologischer Bedingungen

Zu gewalttätigen Handlungen kommt es dann, wenn die unterschwelligen Impulse ausgelebt werden und es zu schädigenden Handlungen kommt. Diese absichtsvollen Schädigungen können sich entweder gegen einen Gegenstand (Vandalismus) richten, auf anderen Menschen abzielen oder sich als autoaggressives Verhalten gegen die eigene Person zeigen. Führen diese Aggression zu körperlichen Verletzungen, wurde in der Vergangenheit diese Handlung mit dem Begriff „Gewalt" umschrieben. Inzwischen ist die Verwendung des Begriffes stark erweitert worden und es gibt sowohl in der Wissenschaft, als auch im Alltagsverständnis, keine einheitliche Auffassung und Definition. Gerade in der deutschen

Sprache ist der Begriff „Gewalt" doppelbödig, da er sowohl die direkte persönliche Gewalt, als auch die legitime institutionelle Gewalt beinhaltet. (vgl. Hurrelmann 2007, 12) Individuelle Gewalt geht von einzelnen Akteuren aus und kann wie folgt unterschieden werden:

- physische Gewalt: Schädigungen oder Verletzungen durch körperliche Kraft und/oder andere Zwangsmitteln. Sachbeschädigungen, Vandalismus (vgl. Hurrelmann 2007, 18)
- psychische Gewalt: Schädigung in Folge von Abwendung, Ablehnung, Vertrauensentzug, Entmutigung. Verbale Gewalt in Form von: Beleidigungen, Erniedrigungen und Entwürdigungen. Entzug der Lebensnotwendigkeiten, Einschüchterungen, Grausamkeiten und Folter (vgl. Hurrelmann 2007, 19)
- Sexuelle Gewalt: Schädigung in Form von erzwungenen Intimkontakten, die nur den Zweck verfolgen, die sexuellen und Machtbedürfnisse des Täters zu befriedigen (vgl. Hurrelmann 2007, 19)
- geschlechterfeindliche, fremdenfeindliche oder ethnienfeindliche Gewalt: Die Aggressionsimpulse beziehen sich auf das Geschlecht oder auf die Zugehörigkeit zu einer bestimmten Religion, Herkunftsgruppe oder Ethnie und werden in diskriminierend und erniedrigender Absicht ausgeführt (vgl. Hurrelmann 2007, 19)
- spezifische Phänomene schulischer Gewalt, Mobbing, Bullying: Eine Einzelperson wird wiederholt und zielgerichtet über einen längeren Zeitraum geschädigt und ist nicht in der Lage, alleine aus der Mobbingsituation herauszukommen (vgl. Schubarth 2013,17)

Neben diesen, von dem Einzelnen ausgehenden Gewaltformen, kann Gewalt auch institutionell verortet sein. Von institutioneller Gewalt ist die Rede, wenn Vertreter des Staates, oder von anderen Organisationen, Sanktionen androhen, verhängen und durchführen, die dazu dienen, dass sich die einzelnen Gruppenmitglieder unterordnen. Die Inhaber dieser Stellungen haben eine hierarchische übergeordnete Position und können bei den „Untergebenen" erwünschtes Verhalten erzwingen. Institutionelle Gewalt wird zu einer illegitimen strukturellen Gewalt, wenn die Zielsetzung der Organisation nicht die Förderung, sondern die Unterdrückung die einzelner Gruppenmitglieder ist (vgl. Hurrelmann 2007, 19).

Erklärungsansätze für Gewalt

Die Frage, ob, wann und in welcher Form Gewalt auftritt, hängt vom jeweiligen Sozialisationsprozess und dessen gegenwärtigen Wirkmechanismen, individual-situativen Faktoren und den jeweiligen Umweltfaktoren ab. Die folgenden Aspekte nehmen in der Entwicklung von Gewalt eine zentrale Rolle ein:

- **Familie:** Die familiäre Sozialisation in der Familie hat eine zentrale Bedeutung. Kinder und Jugendliche werden nicht aggressiv und gewalttätig geboren, sondern kommen überwiegend aus schwierigen Familienverhältnissen. Mangelnde, gestörte, oder nicht tragfähige emotionale Bindungen, sowie ein restriktiver Erziehungsstil gelten als besondere Risikofaktoren. Das erlebte Erziehungsverhalten und die entsprechenden Gewalterfahrungen fördern die Gewaltaffinität bei den Kindern (Schubarth 2013, 74). Armut im Kindesalter wirkt sich ebenfalls negativ auf die Entwicklungsprozesse aus.
- **Peergroups:** Sie sind für die Identitätsentwicklung notwendig und haben infolge dessen einen starken Einfluss. Eine aggressive Werthaltung der Freundesgruppe wirkt Gewalt begünstigend, zumal sich gewaltauffällige Jugendliche oft in Cliquen aufhalten, die einen gewalttätigen Umgang mit sich selbst und anderen pflegen. Ein besonderes Risiko besteht, wenn die Jugendlichen mit mangelnder Schulmotivation und geringer familiärer Bindungen über gewalttätige Handlungen, Kompensationen für fehlende Anerkennung suchen (Schubarth 2013, 74).
- **Massenmedien:** Gewaltdarstellungen sind mit einem Wirkungsrisiko verbunden und der Konsum von Horror- Kriegs- und Sexfilmen steht ebenfalls in einem deutlichen Zusammenhang zur Schülergewalt. Ein problematischer Medienkonsum kann zur Begrenzung der Freizeitinteressen führen. Parallel dazu kann es zu Nachahmungs- Gewöhnungs- und Abstumpfungsprozessen kommen (Coelen 2008, 242).

- **Persönlichkeitsmerkmale:** Temperament, Charaktereigenschaften und körperliche Voraussetzungen bilden einen wichtigen Hintergrund bei gewaltauffälligen Kindern und Jugendlichen. Impulsivität, Egozentrismus, mangelnde soziale Kompetenz und mangelnde Informationsverarbeitung führen schnell zu problematischen Interaktionen (Coelen 2008, 243).
- **Situative Einflüsse:** Ob sich bio-psycho-soziale Dispositionen in Gewalthandlungen niederschlagen hängt nicht zuletzt von situativen Einflüssen ab. So können Alkohol und Drogenmissbrauch zu einer verzerrte Situationswahrnehmung führen und eine Gewalteskalation begünstigen. Der Grad der sozialen Kontrolle und das Entdeckungsrisiko sind somit Faktoren, die von der Umwelt und der Öffentlichkeit geprägt werden (vgl. Schubarth 2013, 48).
- **Schule:** Gewaltverhalten ist meistens auf außerschulische Bedingungen zurückzuführen und die Schule kann Fehlentwicklungen in der Familie nicht kompensieren. Trotzdem haben die schulischen Bedingungen einen Einfluss auf die Persönlichkeitsentwicklung. Eine positive Schul- und Lernkultur wirkt sich gewaltminimierend aus. Große Klassen, schlechte Unterrichtsqualität, unprofessionelle Klassenführung, abwertendes bzw. restriktives Lehrerverhalten, Desintegration von Einzelnen oder Schülergruppen wirken dagegen gewaltverstärkend (vgl. Schubarth 2013, 76).
- **Gewalt als Form männlicher Lebensbewältigung:** Gewalthandlungen sind übewiegend ein männliches Phänomen und insbesondere die körperliche Gewalt gilt als „gelebte Männlichkeit". In einem patriarchalischen Gesellschaftskonstrukt müssen Jungs oft ihre Ängste und Gefühle der Hilflosigkeit verdrängen, da sie mit den herrschenden Männlichkeitsvorstellungen nicht übereinstimmen. Durch das Fortschreiten der Emanzipation und den entsprechenden Rollenverschiebungen fühlen sich männliche Jugendliche zunehmend unter Druck gesetzt. Der Rückgriff auf sexistische Muster und betont männliches Verhalten kann unter diesem Gesichtspunkt als männliche Lebensbewältigungsstrategie gesehen werden. Dies ist insbesonders dann der Fall, wenn Jugendliche in belastenden Lebenssituationen über männliches (gewalttätiges)

Imponiergehabe versuchen, wieder ein positives Selbstwertgefühl zu erlangen (vgl. Schubarth 2013, 49).

Devianz und Delinquenz

In einer von Pluralität und Vielfalt geprägten Welt ist der Übergang von der späten Kindheit in das Jugendalter von großen Herausforderungen begleitet. Im Zuge des Ausprobierens des eigenen Könnens, der psychischen, physischen und normativen Eckpunkte in der Gesellschaft kommt es zum Austesten der Grenzen – Grenzerfahrungen. Grenzüberschreitungen sind meist im Bagatellbereich anzusiedeln und die Mehrzahl der Kinder und Jugendlichen meistern diese Entwicklungsphase ohne negative Beeinträchtigungen. Unter dem Einfluss belasteter sozialer Rahmenbedingungen und milieubehafteter Risikofaktoren sind diese Entwicklungschancen minimiert. Überforderungen, Brüche in den Lebenslinien und Entwicklungsstörungen können eine antisoziale Entwicklungstendenz auslösen und in der Folge kommt es zu einem „abweichenden Verhalten". Das gezeigte Verhalten steht dann nicht mehr im Einklang mit den vorgegebenen Normen und Werten der Gesellschaft. In diesem Fall ist die Rede von Devianz. Devianz kommt in einer großen Bandbreite vor und wird dementspechend unterschiedlich sanktioniert und sogar geduldet.

Delinquenz als Indikator für soziale Problemlagen

Der Begriff Delinquenz dagegen wird verwendet, wenn Kinder und Jugendlichen mit ihrem delinquenten Verhalten eindeutig gegen Normen und die gültigen Gesetze verstoßen. Delinquentes Verhalten kann kindliche Hilflosigkeit und Unterstützungsbedürftigkeit zum Ausdruck bringen – ein Hilfeschrei des Kindes bzw. des Jugendlichen an die Erwachsenen. Deshalb ist es wichtig, Signale frühzeitig zu erkennen und entsprechend darauf einzugehen und ist Aufgabe und Erziehungsauftrag von sekundären Sozialisationsinstanzen wie Schule und Jugendhilfe. Untersuchungen belegen, dass Verhaltensauffälligkeiten in der Schule häufig ignoriert werden (Stickelmann 2003, 186). Nicht nur gewalttätiges Verhalten auch die „gewaltfreie" Schulverweigerung kann auf eine Problemlage beim Kind oder Jugendlichen hinweisen. In einer Untersuchungen (erster periodischer Sicherheitsbericht 2001) konnte nachgewiesen werden, dass zwischen „Schule schwänzen" und Delinquenz ein deutlicher Zusammenhang besteht.

Interventionsmöglichkeiten bei gewalttätigen Konflikten

In schulischen Situationen sind die Lehrpersonen aufgefordert, auf ein aggressives oder gewalttätiges Verhalten situativ angemessen und pädagogisch begründet zu reagieren. Das setzt eine Handlungskompetenz voraus, die von zwei Herausforderungen flankiert ist. Die erste Herausforderung liegt in der Wahrnehmung der Situation begründet. Die zweite Herausforderung begründet sich aus der unterschiedlichen Bewertung und Interpretation der Sachlage heraus. Vom richtigen Umgang mit beiden Herausforderungen hängt die Wahl der Intervention ab.

Angemessene Interventionsmaßnahmen zu finden ist zeitaufwendig und setzt eine hohe Selbstreflektion voraus. Gute Interventionsmaßnahmen haben einen Vorbildcharakter und lassen die innere Haltung sichtbar werden. Konsistentes und berechenbares Lehrerverhalten ist dabei eine wichtige Voraussetzung für ein angemessenes pädagogisches Handeln (vgl. Schubarth 2013, 111). Schnelles Eingreifen durch pädagogisch verantwortliches Handeln sowie das Durchsetzung von Grenzen und Abwehr unmittelbarer Gefahren, sind Grundintention jeder Interventionsmaßnahme in der Schule. Interventionen, das Eingreifen und Klären bzw. Befrieden einer Situation geht einher mit Vereinbarungen und Regelungen. Gerade vor dem Hintergrund der Ursachen, Gewalt und Delinquenz, ist die fatale Verkettung von Regeldurchsetzung und Machtausübung über psychische oder physische Gewalt zu vermeiden. Wer Regeln erfolgreich durchsetzen möchte ohne dabei zu strafen,

- formuliert Regeln eindeutig und überprüfbar
- reagiert sofort bei jeder Regelverletzung
- bleibt standhaft
- sorgt dafür, dass jede Regelverletzung Konsequenzen hat
- verlangt keine Einsicht
- arbeitet im Team
- verzichtet auf das Wort „Strafe"
- trennt zwischen Person und Verhalten,

- macht Versöhnungsangebote,
- reagiert auf positive Veränderungen
- schenkt prosozialem Verhalten Aufmerksamkeit (vgl. Schubarth 2013, 109).

Durch Wegschauen, Ignorieren und aggressives Überreagieren gegenüber störendem Verhalten, können sich Interaktionssequenzen aufbauen, die den anderen so lange unter Druck zu setzen versuchen, bis die eigenen Ziele erreicht worden sind. Wiederholen sich solche Sequenzen immer wieder, ergibt sich daraus eine Atmosphäre des „unabsichtlichen Gewalttrainings" (Stickelmann 2003, 141). Ungeachtet der Schwierigkeiten bei der Auswahl der angemessenen Interventionsmaßnahme lassen sich allgemeine Handlungsstrategien bei gewalttätigen Konflikten festlegen. Mit WILFRIED SCHUBARTH sind bei jeder Intervention die nachfolgenden Aspekte zu beachten (Schubarth 2013, 111):

1) In die Auseinandersetzung eingreifen, die Gewalt unterbrechen (verbale Aufforderung, dazwischen gehen)
2) Sich einen Überblick von der Lage verschaffen (Beteiligte und Zeugen feststellen)
3) Opferhilfe leisten (erste Hilfe, seelischer Beistand)
4) Signale an die Täter geben (Täterschaft feststellen, Konsequenzen verdeutlichen)
5) Unterstützung holen (von Schülern und Lehrkräften)
6) Zuschauende wegschicken (Stören durch Andere vermeiden)
7) Konfliktparteien beruhigen (räumliche Trennung, Gefühle äußern lassen, nach Vorfall erkundigen)
8) Konflikt aufarbeiten (Konfliktverlauf klären, Lösungen erarbeiten
9) Konsequenzen ziehen (auf Vereinbarungen hinarbeiten, Strafen abwägen, Mediation, Täter-Opfer-Ausgleich, Lernprozess für Täter initiieren.

Den oben genannten Sofortmaßnahmen folgen dann weitergehende pädagogische Ordnungsmaßnahmen, die entlang der Schnittstelle von Schule und Jugendhilfe siedeln. Vor der Intervention steht jedoch die Prävention. In der Vergangenheit sind viele unterschiedliche Praxismodelle entwickelt worden. Sie haben zum einen das Ziel, Lehrkräfte und Schüler vor unverhofften

Gewalthandlungen zu schützen. Zum anderen sollen Gefahrensituationen rechtzeitig erkannt werden und entsprechende Maßnahmen eingeleitet werden. Verschiedene Präventionsmaßnahmen werden speziell für die Lehrpersonen angeboten. Sie sind, Bernd Stickelmann folgend, von besonderer Bedeutung, denn

> *„die Professionellen werden durch ihr Handeln, ihre Reflexion der Situationen, zu Vermittlern zwischen Pluralität und Individualisierung. Indem das Vermitteln von Regeln an die Person und die Situation gebunden werden, wird an diesen Lösungen ein exemplarisches Lernen in der Interaktion möglich."* (Stickelmann 2003, 27)

Andere Maßnahmen haben zum Ziel, die Persönlichkeitsentwicklung der Schüler zu unterstützen und sie für gewaltfreie Konfliktlösungen zu sensibilisieren. In der folgenden Tabelle werden einige Maßnahmen exemplarisch aufgeführt (Abbildung 2).

Angesichts der veränderten Lebens- und Schulwirklichkeit ist Gewaltprävention und die Förderung der sozialen Kompetenzen eine Daueraufgabe der Schulen. Bildung und Erziehung gehören zusammen wie zwei Seiten einer Medaille. Erziehung schafft erst die Voraussetzungen für Bildung und deshalb bedarf nicht weniger, sondern mehr Erziehung in den Schulen. Dazu benötigt es jedoch kreative Konzepte und gut ausgebildete Fachkräfte. Eine gute demokratische Schule ist die beste Gewaltprävention (Schubarth 2013, 201).

Adressat und Zielgruppe	Beispiele
Programm für Kindergartenkinder	„Spielend streiten lernen"
Programm für jüngere Schüler	„Faustlos" Verhaltenstraining für Schulanfänger „Komm wir finden eine Lösung" Programm „eigenständig werden" Prävention im Team
Programm für ältere Schüler	Fit for Life; Lions-Quest-Programm Programm" Soziales Lernen" Training mit Jugendlichen
Programm für alle Schüler	Streitschlichterprogramme (Peer-Mediation) Coolness-Trainig; „Buddy-Projekt" No Blame (Anti- Mobbing-Programm)
Lehrerprogramme	Konstanzer Trainingsmodell Schulinterne Fortbildung „Gewaltprävention"
Schulumfassende Programme	Anti-Bulling-Interventionsprogramm Intervetionsprogramm an Hauptschulen Konzept „Erziehende Schule" Konzept „ Lebenswelt Schule"

Abbildung 2 Interventionsmaßnahmen
Quelle: in Anlehnung an Stickelmann 2003.

Aufgabe
Suchen sie ein Beispiel für einen „gewaltbereiten Jungen" aus ihrem Berufsalltag. Stellen sie Mutmaßungen an, warum er sich so aggressiv verhält und überprüfen Sie Verhaltensmöglichkeiten der Lehrpersonen. Skizzieren Sie die Schritte und Maßnahmen, um ein ausgewähltes Präventionsangebot in der Schulkindbetreuung einzuführen.

Reflexionsfragen
1) Was meinen GEHLEN und PORTMANN, wenn Sie von biologischem Mängelwesen oder physiologischer Frühgeburt sprechen?
2) Welche Konsequenzen ergeben sich aus dieser Grundannahme?

1.3 Gruppenpädagogik – Einführung und Bezüge zur Schulkindbetreuung

Gruppenpädagogik

Gruppenpädagogik ist ein Teilgebiet des gesamtpädagogischen Bereiches der sich mit dem pädagogischen Geschehen in der kleinen, personennahen Gruppe befasst. Dabei liegt das Schwergewicht der Gruppenpädagogik zunächst außerhalb der verordneten Erziehung in Schule, Berufsschule, Fachschule und Hochschule. Der eigentliche und ursprüngliche Bereich der Gruppenpädagogik sind die freien Gruppen von Kindern, Jugendlichen und Erwachsenen, mit denen bewusst pädagogisch gearbeitet wird (vgl. Spangenberg 1969, 92).

Ziel der Gruppenpädagogik ist *„die individuelle und soziale Reifung des Menschen. Sie entspringt den sittlichen Maximen der Ehrfurcht vor dem Menschen und seiner Verantwortung für die Gemeinschaft."* (Kleber 1959, 11-14)

Gruppenpädagogik gelangte von Amerika nach Deutschland. Wobei KURT LEWIN und GISELA KONOPKA die amerikanische Gruppenforschung und Gruppenpädagogik mitprägten. Der Begriff Gruppenpädagogik dient, genau genommen, als mehr oder weniger glückliche Bezeichnung für den amerikanischen Begriff „Social Group Work". Mit der Einzelfallhilfe (Social Casework), der Gemeinwesenarbeit (Social Community Organization) und der sozialen Aktion (Social Action) gehört die Gruppenpädagogik zu den klassischen Methoden der Sozialarbeit (vgl. Erl 1974, 13) und vollzieht sich im Wechselspiel von Gruppe-Aufgabe-Leitung.

Im Kontext von Schulkindbetreuung finden gruppenpädagogische Ansätze in Eröffnungs- und Anfangsphasen von Kursangeboten oder zu Beginn des Schuljahres an besonderer Bedeutung. In Anfangssituationen, unabhängig vom Alter und der Zusammensetzung der Schülergruppe, zeigen sich immer wieder Probleme des Sich-Kennenlernens, des Warmwerdens oder des Abbaus von Vorurteilen und selbst konstruierten Vorwegnahmen im Bezug auf Gruppe, Gruppenleitung und Angebot.

Ein strukturierter Einstieg eröffnet Chancen, früh eine positive Stimmung in der Gruppe zu verankern, Vorbehalte abzubauen und Ängsten und Unwohlsein bei den Gruppenmitgliedern vorzubeugen. Dabei gilt: es gibt kein Richtig und kein Falsch. Mögliche Formen können sein:

- Alle Mitglieder der Gruppe symbolisieren eine historische Persönlichkeit. Dazu wird ihnen ohne Kenntnis darüber wen sich symbolisieren, ein Schild auf den Rücken gehängt. Alle gehen im Kreis durcheinander. Jedes Gruppenmitglied wird an, ohne jedoch den Namen zu nennen, der auf dem Rücken angeheftet ist. Nach einigen Runden versucht jeder zu erraten, welcher Name auf seinem Rücken steht.
- Einen Stehkreis oder Sitzkreis bilden und sich gegenseitig einen Ball zuwerfen. Dabei ruft der Werfende seinen Namen mit einem Vers „Ich bin der Hans, der kann's". Der Fänger wiederholt den Vers und fügt seinen dazu: „Du bist der Hans, der kann's, ich bin die Anne, ich hauen keinen in die Pfanne"...

Eine andere Form des Einstiegs kann die Provokation der Gruppe sein. KLAUS ANTONS formuliert dazu folgendes Beispiel, das auf die Gruppe Erwachsener ausgerichtet ist:

Psychologen und Soziologen kommen immer mehr zu der Ansicht, dass der Mensch ungeschützt wie eine Kopepode in dieser Gesellschaft lebt. Als systemimmanenter Primitivkonsument versucht er, über die permanente Identifikationsebene zur konzentrierten Führungsstruktur zu gehören und übersieht dabei, dass hierzu eine qualifizierte Aktionsproblematik erforderlich ist.

Auch Ihnen, meine sehr verehrten Studentinnen und Studenten, ist sicherlich die synchrone Wachstumspotenz der progressiven Koalitionsprogrammierung ein Dorn im Auge. Wenn Gruppenleiter von einer dynamischen Spontaneitätsutopie sprechen, die als Basis eine sensibilisierte Provokationskreativität verlangt, dann dürfte jedem der hier Anwesenden klar sein, dass die massierte Frustrationstoleranz ... (Antons 1992)

Die Gruppenleitung kann sich sicher sein, dass nicht alle Mitglieder der Gruppe diese Aussage so stehen lassen. Es kommen emotionale Äußerungen, spontane Ablehnung oder Verärgerung bis hin zu Fragen. Ziel ist es, dass eine hohe Gruppenaktivität initiiert wird und die Gruppe so in einen gemeinsamen Austausch über ein gemeinsam erfahrenes Ereignis (hier die Provokation über die

Aussage) kommt. Ziel jeden gruppenpädagogischen Handelns ist immer die Gruppe vor dem Hintergrund des Individuums. Entsprechend formuliert THEODOR M. MILLS:

> *"Unsere Vorstellungen begrenzen unsere Erwartungen und Vermutungen. Wenn z. B. Ausschussmitglieder „wissen", dass Ausschüsse selten gut arbeiten, dann arbeiten diese tatsächlich schlecht, wenn Gruppenmitglieder „wissen", dass ihre Führer alles bestimmen, dann beraten sie selten demokratisch. Unsere Gruppen nähern sich also den Modellen an, die wir uns von ihnen machen."* (Mills 1969, 22)

Die Gruppe und das Verhalten des Einzelnen wirken demnach interdependent aufeinander. Diese Interdependenz ist für die Sozialpsychologie wahrgenommen worden.

Die Gruppe in Sozialpsychologischer Sicht

- „Sozialpsychologie ist der Versuch, zu verstehen und zu erklären, wie Denken, Fühlen und Verhalten durch die aktuelle, vorgestellte und einbegriffene Anwesenheit von anderen beeinflusst wird." (Allport 1968)
- „Sozialpsychologie ist die Wissenschaft von der Beziehung des Individuums zu anderen Individuen, Gruppen und Kulturen." (McDavid & Harari 1968)
- „Sozialpsychologie ist die Wissenschaft von Erfahrung und Verhalten von Individuen in Beziehung zu anderen Individuen, zu Gruppen und zur Kultur." (McDavid & Harari 1968)

Zusammengenommen benennen die drei angeführten Zitate drei mögliche Problemfelder der Sozialpsychologie, die für die Schulpraxis heute immer noch bedeutsam sind:

- das Individuum
- die Beziehung
- Gruppen, Institutionen, Kulturen

Das Individuum

Das Individuum ist die sozialpsychologische Grundeinheit, im Besonderen die soziale Bedingtheit individuellen Verhaltens. Soziale Bedingtheit individuellen Verhaltens schließt neben dem motivationalen Aspekt auch die sozialen Grundprozesse wie soziale Wahrnehmung, soziale Kognition, soziales Lernen und dessen Manifestierung in persönlichen Einstellungen und Wertungen ein.

Was ein Mensch (Individuum) aus seinen Anlagen und Fähigkeiten macht, hängt von seinen Motiven ab. Murray sieht in einem Motiv jenen inneren Faktor, der menschliches Verhalten auslöst, ausrichtet und integriert" (vgl. Murray 1964). Motive nehmen direkten Einfluss auf:

- Lernen,
- Leistung,
- Wahrnehmung,
- Denken,
- Kreativität,
- Gefühl.

Soziogene Antriebe, also erlernbare Triebe, weisen einen elementaren Bedürfnischarakter auf. Dazu zählen u.a. Motive wie Bindung, Zuneigung, soziale Billigung, Bestätigung und Anerkennung. ABRAHAM H. MASLOW (1954) ist grundsätzlich der Auffassung, dass alle Motive instinktgebunden (Primärmotive) sind. Und nimmt eine Hierarchie der Motive an (vgl. Maslows Hierarchie-Modell, Abbildung 3). MASLOW vertritt die These, wonach sich ein höheres Motiv grundsätzlich erst dann einstellen kann, wenn die darunter liegenden Motive befriedigt worden sind. Die Befriedigung dieser Antriebe ist für die seelische Gesundheit und die allgemeine Lebenszufriedenheit unverzichtbar.

Erst wenn die Furcht reduziert ist, kann das Motiv zu lieben sich entfalten. Wenn dann die Liebesmotive befriedigt sind, kann erst Selbstachtung und Selbstwertschätzung möglich sein. Selbstaktualisierung und Selbstverwirklichung setzen die Befriedigung aller anderen Motive voraus.

Der zentrale Gedanke einer solchen Typisierung ist, dass solange die Existenzbedürfnisse nicht ausreichend gesichert und befriedigt sind, die Bedürfnisse der hierarchisch höheren Ebenen nicht gestillt werden können. Die einzelnen Bedürfnisse bauen also aufeinander auf.

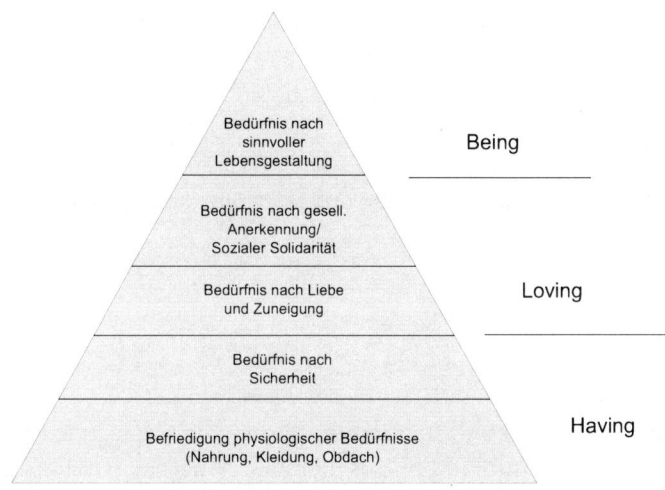

Abbildung 3   Hierarchie der Motive
           Quelle: in Anlehnung an Maslow 1954.

Die hier aufgezeichnete Systematisierung menschlicher Bedürfnisse stimmt für unsere Gesellschaftsstruktur. Sie hat ihre Gültigkeit und kann nicht auf andere Kulturen übertragen werden. Besonders die Befriedigung der immateriellen Bedürfnisse kann in anderen Kulturformen einen anderen Stellenwert einnehmen.

Der finnische Soziologe ERIK ALLARDT verwendet in seiner Untersuchung über die Voraussetzungen des individuellen Wohlergehens eine vereinfachte Bedürfnistypologie. In Bezug auf MASLOWs Modell ist eine Reduktion auf drei Ebenen erkennbar. ALLARDT verwendet die Begriffe „Being, Loving, Having" (vgl. Abbildung 2).

Having: Diese Ebene beinhaltet die Grundbedürfnisse
            nach Nahrung, Gesundheit, Obdach etc. Aber
            auch die Bedürfnisse, die darauf ausgerichtet
            sind, diese Bedürfnisse für die Zukunft zu sichern
            (Sicherung materieller Ressourcen)

Loving: Auf dieser Ebene sind die zwischenmenschlichen Beziehungen erfasst (Wunsch nach Freundschaft, nach Zuneigung und Solidarität sowie um die Bedürfnisse nach Anerkennung und Bestätigung durch andere Menschen)

Being: Auf dieser Ebene definiert sich das Beziehungsverhältnis zwischen Individuum und Gesellschaft. Im Mittelpunkt stehen Bedürfnisse nach Selbstverwirklichung und sinnvoller Lebensgestaltung.

Die Beziehung

Hier sind Interaktion und Kommunikation angesprochen. Interaktion bedeutet dabei In-Beziehung-Treten, Kommunikation meint den Austausch von Informationen und Signalen. Signale können sowohl verbaler aber auch non-verbaler Art sein.

Bei Interaktion und Kommunikation handelt es sich um einen Wechselwirkungsprozesse. Das heißt, die beteiligten Personen können sowohl passiv reagieren als auch schöpferisch tätig sein.

Die Sozialpsychologie bedient sich bei der Kennzeichnung der Beziehung zwischen Individuum und Umwelt der Begriffe der Informatik (Sender-Empfänger) oder der Physiologie (Stimulus-Response bzw. Reiz-Reaktion). Die Personen als soziale Stimuli gehen in die Beziehung mit ein. Sie verändern sich in ihr und reagieren auch verändert und verändernd. Es liegt eine wechselseitige Beeinflussung vor (vgl. Abbildung 4)

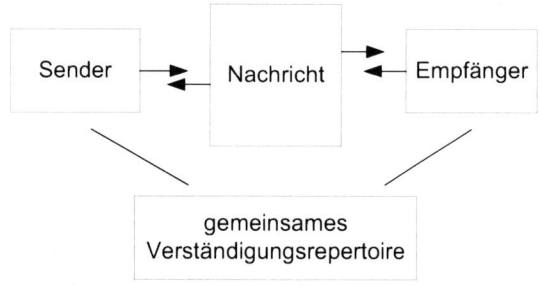

Abbildung 4   Vereinfachtes Kommunikationsmodell
Quelle: eigen.

Gruppen, Institutionen, Kulturen

Gruppen, Institutionen und Kulturen lassen sich sowohl als Produkte sozialer Prozesse als auch als Orte, an denen sich solche Prozesse abspielen, beschreiben. Ausgehend von der kleinsten Einheit, der Dyade (Zweierbeziehung) reicht die Skala über Primär- und Sekundärgruppen bis zu umfassenden Institutionen. Als oberste Einheit gilt die Kultur, das soziokulturelle System, das sich in Merkmalen der Sprache, sozialer Normen, ethnischer Zusammensetzung u.a. ausdrückt.

Die meisten empirischen Befunde stammen aus der Kleingruppenforschung. In der Kleingruppe finden sich Gruppenkohäsion, Gruppenkonflikt, Gruppenführung, aber auch Gruppennormen, Gruppenrollen Themenfelder (vgl. Baus; Jacobi 1976, S. 17-18).

Definitionsmerkmale für die Gruppe

PETER R. HOFSTÄTTER (1972) hat eine begriffliche Abgrenzung von Menschen in der Gruppe versucht. Demnach ergibt sich folgende schematische Darstellung:

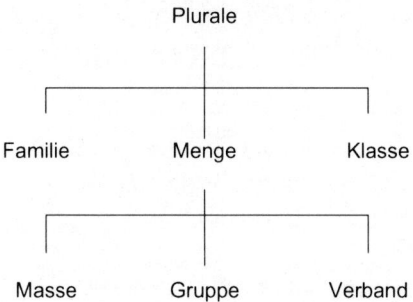

Abbildung 5   Vereinfachtes Kommunikationsmodell
              Quelle: in Anlehnung an Hofstätter 1972.

Eine sozialpsychologische Gruppe verfügt über ein organisiertes System, in dem zwei oder mehr miteinander verbunden sind, gemeinsame Funktionen möglich sind und gemeinsame Normen existieren, durch die das Verhalten der Gruppe und der Einzelnen reguliert werden (vgl. McDavid; Harray 1968).

Eine verbindliche Definition von Groß- oder Kleingruppe findet sich in der einschlägigen Literatur nicht. Jedoch werden als differenzierende Merkmale der Kleingruppe Eigenschaften wie face-to-face Kontakte und das WIR-Gefühl zugesprochen.
Gebräuchliche Definitionen sind u.a.:

- Dynade = 2 Personen
- Kleinstgruppe = 3-6 Personen
- Gruppe = bis 30 Personen
- Großgruppe = mehr als 30 Personen

Der Begriff der Gruppe ist ein „Kunstbegriff", der je nach Betrachtungsweise unterschiedlich definiert werden kann. Dadurch und durch eine Vielzahl möglicher Klassifikationsschemata sind prinzipiell viele unterschiedliche Gruppenformen vorstellbar.

Eine Gruppe ist kein starres, statisches Konstrukt, sondern unterliegt einem dynamischen Prozess. Diese Dynamik wird bestimmt von der Zusammensetzung der Gruppe mit ihren einzelnen Mitgliedern. Um diese besser verstehen zu können und Gruppenprozesse zu initiieren ist es wichtig, Grundlagen über die Merkmale, Formen und Phasen einer Gruppe zu haben. Diese erleichtern das positive Leiten und Führen einer Gruppe und unterstützen eine harmonische und ausgeglichene Atmosphäre.

Merkmale einer Gruppe

- Zusammenfinden mehrerer Personen (ab 3 Personen)
- Personen stehen in wechselseitiger Beziehung
- Bestand über einen längeren Zeitraum
- Gemeinsame Gruppenziele
- Gemeinsame Verhaltensregeln und Wertvorstellungen (Normen)
- Struktur mit verschiedenen Rollen (vgl. Bango 1994, 61))

Gruppenformen

Das Führen einer Gruppe wird erleichtert, wenn man Gruppenformen unterscheiden und somit auch die Bedürfnislage erkennen kann.

- Primärgruppen sind Gruppen in denen eine sehr große emotionale Bindung besteht. Diese Gruppen wachsen meist langsam, aber beständig zusammen .Beispiel: Familie.
- Sekundärgruppen sind bewusst geplante und initiierte Gruppen, sie verfolgen ein festes Ziel und haben klare Regeln. Beispiel: Schulklasse.
- Formelle Gruppen werden straff organisiert, geplant und sind zielgerichtet, sie können befristet oder unbefristet sein. Beispiel: Kindergartengruppe, Projektgruppe.
- Informelle Gruppen können spontan und ohne festes Ziel entstehen. Anlass bildet das gleiche Interesse oder gleiche Bedürfnisse von Personen. Beispiel: Jugendgruppe, Stammtisch.
- Homogene Gruppen haben Mitglieder, die beispielsweise das gleiche oder ähnliche Alter haben oder das gleiche Geschlecht.
- Heterogene Gruppen unterscheiden sich beispielsweise in Alter, Geschlecht, Interesse (vgl. Pfeffer 2012, 251)

Gruppenphasen

Jede Gruppe durchläuft verschiedene Phasen. Unabhängig von der Zusammensetzung und Zielrichtung der Gruppen werden diese Phasen in unterschiedlicher Ausprägung bezüglich Intensität und Zeit durchlaufen. Das Wissen um diese Phasen hilft den Prozess in der jeweiligen Gruppe positiv zu unterstützen. Nach SAUL BERNSTEIN und LOUIS LOWY (vgl. Bernstein & Lowy 1969, 208) wird der Gruppenentwicklungsprozess in fünf Phasen unterteilt.

1. Die Orientierungsphase (Forming)

In dieser Phase sind die Gruppenmitglieder eher unsicher und zurückhaltend. Die Kinder wissen noch nicht, welche Normen, welches Verhalten, in der Gruppe akzeptiert wird und haben weder zu den anderen Kindern noch zu den Betreuerinnen Bindungen aufgebaut. Es wird noch „gefremdelt".

Anregung für die Praxis: Empfangen sie die Kinder behutsam, aufmerksam und zugewandt. Machen sie Kontaktangebote, zwingen sie aber niemanden zu etwas. Helfen sie den Kindern sich mit der Tagesstruktur vertraut zu machen. Bieten sie Gruppenspiele an, dies das Miteinander fördern.

2. Die Machtkampfphase (Storming)

In dieser Phase werden die Rollen verteilt. Für manche Kinder wird es nun zunehmend wichtig Einfluss auf das Gruppengeschehen zu nehmen und Macht auszuüben, während sich andere beobachtend zurückziehen. Erwartungen und Hierarchien werden ausgehandelt. Die Beziehung zur Betreuungsperson wird positiv, wie negativ getestet.

Anregungen für die Praxis: Beobachten sie diesen Prozess sensibel und aufmerksam. Helfen sie zurückhaltenden und am Rande stehenden Kindern sich in die Gruppe einzubinden. Helfen sie gleichzeitig den dominanten Kindern sich zurück zu nehmen. Beachten sie, dass kleine Konflikte und deren Austragung in dieser Phase wichtig sind. Greifen sie beim Kräftemessen nur dann ein, wenn Kinder zu Schaden kommen.

3. Die Vertrautheitsphase (Norming)

Die Kinder haben ihre Rolle in der Gruppe gefunden, somit verringern sich auch die Konflikte. Die Kinder können sich selbst und andere einschätzen und kennen die Regeln. Die Identifikation mit der Gruppe beginnt und es entsteht ein Wir-Gefühl. Die Gruppe grenzt sich nach außen ab, gemeinsame Symbole z. B. Armbändchen, Kleidung, etc. können Bedeutung erhalten. Innerhalb der Gruppe können sich auch Untergruppen bilden.

Anregungen für die Praxis: Nutzen sie die Vertrautheit der Kinder mit ihnen, mit den anderen Kindern und den Gegebenheiten und planen sie Aktionen und Projekte bei denen jedes Kind seine Fähigkeiten und Neigungen einsetzen kann. Organisieren sie Versammlungen und ermuntern sie die Kinder vor der Gruppe zu reden und Ideen einzubringen. Lassen sie der Gruppe Freiräume und greifen sie ein, wenn Konflikte nicht selbst gelöst werden können. Behalten sie nicht nur die Gruppe im Blick, sondern auch das einzelne Kind. Unterstützen sie ein Kind, das weniger Akzeptanz findet und achten sie darauf, dass kein Kind bevorzugt wird.

4. Die Differenzierungsphase (Performing

Die Gruppe ist nun soweit gefestigt, dass die unterschiedlichen Fähigkeiten und Eigenarten des einzelnen Kindes wahrgenommen und geschätzt werden können. Die Bewältigung einer zielorientierten Aufgabe wird somit erleichtert. Die Gruppe kann sich nach außen öffnen und die Abgrenzung lässt nach. Die Gruppenmitglieder individualisieren sich. Die Gruppe agiert harmonisch.

Anregungen für die Praxis: Kleinere Konflikte können gut von den Kindern selbst gelöst werden, greifen sie ein bei größeren. Stellen sie sich weiterhin als Spiel- und Gesprächspartnerin zur Verfügung. In dieser Phase können sie z. B. gut Ausflüge organisieren.

5. Die Trennungsphase (Adjourning)

Ist das Gruppenziel erreicht, so steht die Auflösung der Gruppe bevor. Das kann der Wechsel von der Grundschule zur weiterführenden Schule sein oder der Schuljahreswechsel in der Schulkindbetreuung. Es kann sein, dass die Gruppe noch fester zusammenwächst oder das „Fremdeln" der 1. Phase wieder auftritt. Das Abschiednehmen und der Neuanfang werden Thema.

Anregungen für die Praxis: Achten sie auf die Befindlichkeiten der einzelnen Kinder. Manche erleichtern sich den Abschied, in dem sie alles „blöd" finden. Sprechen sie über das Auseinandergehen und organisieren sie gemeinsam mit den Kindern ein Abschiedsfest. Sprechen sie auch über das was kommen wird und fragen sie die Kinder nach ihren Gefühlen, hören sie ihnen zu.

Phasenmodell nach Tuckman

Im Gegensatz zu andern Modellen hat BRUCE TUCKMANN (1965) nicht Trainings- bzw. Laborgruppen zur Generalisierung herangezogen. Er stützt sich auf zahlreiche Untersuchungen und Berichte der verschiedensten (Real)-Gruppen. TUCKMAN gliedert wie später auch BERNSTEIN und LOWY (1969) den Prozess der Gruppe in vier Phasen (die fünfte Phase kommt bei Tuckmann 1977 dazu): „forming – storming – norming – performing - adjourning". Jedoch beschreibt er insbesondere die Struktur und die Aktivitäten der Gruppe in der jeweiligen Phase (vgl. Abbildung 6).

	Gruppenstruktur	Aufgabenaktivität
1. Forming (Formierungsphase)	Es besteht Angst, Abhängigkeit von einem Führer, an prüft die Situation und die Frage nach dem angemessenen Verhalten	Die Gruppenmitglieder erkennen die Aufgabe, die Regeln und die angemessenen Methoden
2. Storming (Konfliktphase)	Konflikt zwischen Untergruppen, Rebellion gegen Führer, gegensätzliche Meinungen, Widerstand gegen Kontrolle durch die Gruppe; Konflikte über die Intimität der Gruppe	Emotionaler Widerstand gegen die Anforderungen der Aufgabe.
3. Norming (Normierungsphase)	Entwicklung der Gruppenkohäsion, Aufkommen von Normen, Widerstand ist überwunden und Konflikte sind beigelegt, gegenseitige Unterstützung und Entwicklung von Gruppengefühl.	Offener Austausch von Ansichten und Gefühlen: Kooperation entwickelt sich.
4. Arbeitsphase (Performing)	Interpersonale Probleme sind gelöst, die interpersonale Struktur steht im Dienst der Aufgabenaktivität, die Rollen sind flexibel und funktional	Auftauchen von Lösungen für Probleme, konstruktive Anstrengungen, die Aufgabe zu beenden, die Energie ist jetzt für effektive Arbeit verfügbar; dies ist die Hauptarbeitsperiode.
5. Adjourning	Längerfristig zusammenarbeitende Gruppen, die als Projektteam gearbeitet haben. Auflösung wird als Verlust empfunden, Mitglieder sorgen sich um die Zeit danach	Dokumentationsaufgaben zum Projekt; luzide Darstellung von Prozessabläufen und Meilensteinen

Abbildung 6   Phasenmodell
Quelle: in Anlehnung an Tuckman in Argyle 1972.

Da Gruppen nur sehr selten von ihrer Umwelt isoliert sind, ist bei der Phasen-Beschreibung der Gruppe zu berücksichtigen, dass die Gruppe als System und deren Selbstregulierung auch von außen beeinflusst wird.

Es ist weiter anzumerken, dass der Beschreibung der Phasen nicht mehr das Gebilde der Gruppe als solche zu Grunde gelegt ist. Es sind i.d.R. zwei oder mehr Gruppen, die als eine (Gesamt-) Gruppe betrachtet werden, bzw. eine Anzahl von Gruppenmitgliedern sind dabei sich in verschiedene Gruppen aufzuteilen.

Die beschriebenen Phasen haben nicht in der Reihenfolge in Erscheinung zu treten. Die zeitliche Verweildauer innerhalb einer Phase kann unterschiedlich lang sein. ARGYLE sieht im Beharren einer Gruppe innerhalb einer Phase erste Anzeichen für eine baldige Auflösung (Phase 5).

1.4 Exkurs zu TZI

TZI steht als Abkürzung für **T**hemen **Z**entrierte **I**nteraktion. TZI ist ein Rahmen, der durch Gesprächs- und Verhaltensregeln gesteckt ist und der es ermöglicht, in einer Gruppe thematisch orientiert über ein Thema zu diskutieren. Besonders wichtig ist es dabei, einerseits den persönliche Anteil, eigene Gefühle und Empfindungen mit ins Gespräch einzubeziehen und andererseits die Dynamik der Gruppe bewusst zu machen und zu halten.

Die Gesprächsregeln sind ein Gerüst, kein Korsett, an denen sich die Gruppe - oder der Leiter der Gruppe - orientiert und so einem 'verkopften' oder 'therapeutischen' oder 'gruppendynamischen' Verlauf der Gruppe wirksam entgegentreten kann. Es gilt die Balance zu halten in diesem Dreieck.

Wichtig ist auch, dass der äußere Rahmen mitbedacht wird: Der Globe. Es ist eben nicht egal, wie die Gesprächsumgebung gestaltet ist, wie zeitliche Bedingungen liegen und sonstige ergonomische Faktoren wirken.

TZI ist eine Form der Gesprächsführung, die man erlernen kann. Das WILL-Institut (Workshop Institute for Living Learning) hat Ausbildungsrichtlinien festgelegt, die an die Qualität der Workshop-Leiter, Trainer und Ausbilder dezidierte Maßstäbe anlegt.

TZI ist personell verbunden mit RUTH COHN von der École d´Humanité in Hasligoldern in der Schweiz. Diese reformpädagogische Schule ist auch mit dem Namen des Reformpädagogen PAUL GEHEEB eng verbunden.

TZI hat auch Eingang gefunden in die Baseler Lehrerfortbildung. Lehrerkräfte konnten sich dort zu Trainern in Sachen TZI ausbilden lassen. Diese Maßnahme wurde zeitlich und finanziell durch die offizielle Lehrerausbildung unterstützt und von den Teilnehmern auch selbst getragen. Da nicht nur einzelne Lehrkräfte diese Ausbildung machten, kamen größere Teile der Kollegien in intensiven Kontakt mit TZI.

Das ICH, das WIR und das ES

In ihrem Aufsatz "*Das Thema als Mittelpunkt interaktioneller Gruppen*" stellt COHN drei Faktoren heraus, die in jeder Gruppeninteraktion vorhanden sind (vgl. Cohn 1975, 111):

das ICH, die Persönlichkeit
das WIR, die Gruppe
das ES, das Thema

Die drei Faktoren lassen sich als Eckpunkte eines Dreiecks bezeichnen, die wiederum umgeben sind von „Zeit", „Ort" und „historischen, sozialen und teleologischen Gegebenheiten". Die thematisch-interaktionelle Methode befasst sich mit den Beziehungen der „Dreieckspunkte" zueinander und deren Beziehung zur „Umgebung".

Der Gruppenleiter/Lehrer hat nun die Aufgabe, die Dreieckspunkte in einer relativen "dynamischen Ausgeglichenheit" in Balance zu halten. Dabei pendelt die Gruppe zwischen den Dreieckspunkten hin und her: in der Ecke des ES droht die Gefahr der sachlichen, aber unlebendigen Schulatmosphäre, in der des WIR, dass das Thema in den Hintergrund gerät und gruppendynamische Prozesse zum Gegenstand der Interaktion werden und in der Ecke des ICH schließlich, dass die Gruppe zur Therapiegruppe wird. Analog dazu beschreibt COHN die entstehende Situation für die ES-Ecke als akademisch, in Bezug auf die ICH-Ecke als 'psychologisch' und als 'gruppentherapeutisch' bezogen auf das WIR.

COHN streicht besonders heraus, dass die Technik eben nur eine Seite dieser Methode sei, mindestens ebenso wichtig sei "Persönlichkeit und Fähigkeit des Gruppenleiters", denn keine noch so gute Technik könne Toleranz, persönliche Wärme und eine grundsätzlich positive Einstellung zum Mitmenschen ersetzen. Vor allem brauche ein Gruppenleiter/Lehrer neben Erfahrungen in Gruppen "erzogene Gefühle" und eine "konstruktive Werteinstellung". Diese beiden letzten Forderungen meinen, dass ein Gruppenleiter/Lehrer nicht Gefangener seiner eigenen unbewussten und unreflektierten Gefühle und emotionellen Handlungsstrategien, sowie seiner verinnerlichten Normen und Werteinstellungen und Wertehaltungen sein sollte; im Idealfall darf er seine Handlungsfähigkeit durch die von Teilnehmern ausgedrückten Gefühle und Werthaltungen nicht verlieren.

Das Dreieck

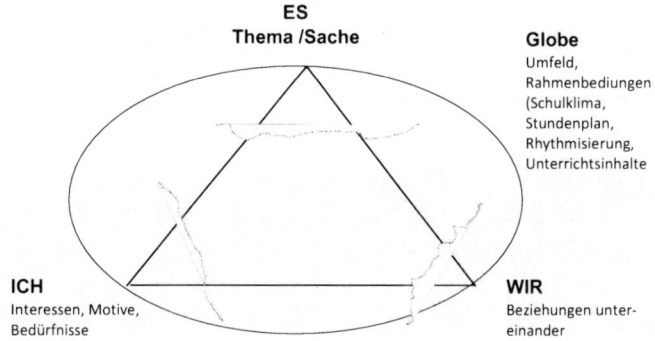

Abbildung 7   Das Dreieck
                Quelle: in Anlehnung an Straub.

ICH

Mit ICH ist meine Person gemeint, die ich als **mein Chairman** vertrete. Ich entscheide, was ich in die Gruppe gebe und was nicht. Ich bin verantwortlich für meine Beiträge, meine Aktionen und Reaktionen. Meine Störungen haben Vorrang.

WIR

Mit WIR ist die Gruppe gemeint. In der Gruppe habe ich auch immer die Aufgabe **Chairman der Gruppe** zu sein. Ich versuchen, andere möglichst vorurteilsfrei wahrzunehmen, ihnen ebenso wie sich selbst Gefühle, Empfindungen etc. zuzugestehen, auch dann, wenn diese von meinen eigenen Gefühlen und Empfindungen verschieden sind. Es bedeutet aber nicht, mich von vornherein selbst zu beschränken aus Rücksicht auf andere Gruppenmitglieder - diese sind ebenfalls ihr eigener Chairman.

ES

ES ist das Thema. Schon die Themenstellung vermag eine vorhandene Ambivalenz, unterschiedliche Werthaltungen, gegensätzliche Empfindungen anzusprechen. Jeder in der Gruppe achtet selbst darauf, dass die Themenformulierung auch die eigene persönliche Komponente nicht ausschließt. Zu Beginn einer eines Gruppenprozesses steht in der TZI die Festlegung der Regeln.

Sei dein eigener Chairman, rede oder schweige, wie du willst; suche aus dieser Sitzung zu gewinnen oder in sie hineinzulegen, was du geben und empfangen möchtest. Sei dein eigener Chairman – befolge deine eigene Tagesordnung in Bezug auf unser Thema und was dir sonst hier wichtig ist; ich werde dasselbe tun (nach Cohn).

Die Gruppensituation soll als Balance zwischen Ich, Wir und Es erlebt werden

Im Gegensatz zu den nachfolgend dargestellten Phasenmodellen für die Gruppenentwicklung, geht die TZI nicht von einem grundgelegten Konfliktmodell der Gruppenentwicklung aus, das Zustandsänderungen innerhalb der Gruppe als stetige Abfolge latenter und manifester Konflikte begreift. TZI vertritt ein Gleichgewichtsmodell in dem eine dynamische Balance zwischen ICH, WIR und ES angestrebt wird. Ist diese Balance gegeben, wird der GLOBE adäquat mit einbezogen, so die Grundannahme der TZI und folglich kann die Gruppe der Verwirklichung lebendigen Lernens weitestgehend nahekommen, weil kognitives, subjektiv-affektives und interpersonales Lernen organisch gestaltet wird.

Durch die Festlegung von Regeln in der Anfangssituation einer Gruppe, kommt dem Leiter zunächst eine zentrale Rolle zu. Er zeigt sich in der Vorbildfunktion und gibt vor, wie sich die Teilnehmer innerhalb der Gruppe verhalten können. Der Gefahr des Konformismus wirkt er dadurch entgegen, dass er auch nonkonformes Verhalten schätzt, vertritt er eine Meta-Norm, die zur Auflösung oberflächlicher Identitätsmuster innerhalb der Gruppe beiträgt. Nach und nach tritt der Leiter als Leiter in den Hintergrund und überwacht die Meta-Normen als Regulativ für die

Gruppe. Der Leiter wird zunehmend in seiner Sachkompetenz angesprochen und weniger als idealisierter Normensetzer.

Aussagen zur Rolle in der Gruppe (vgl. Antons 1992)

Das Rollengeflecht	In einer Gruppe besteht ein Netz von mehr oder minder deutlich definierten Rollenbeziehungen, die das Verhalten der einzelnen Mitglieder zueinander bestimmen.
Was ist eine Rolle	„Rolle" ist der Inbegriff von Erwartungen, die die Mitglieder an das Verhalten des Inhabers einer ganz bestimmten Position haben.
Formelle Rollen	Deutlich definierte und offizielle bzw. formelle Rollen sind z. B. Abteilungsleiter, Gruppenleiter, Sachbearbeiter, Betriebsrat, Vorstand.
Funktion der Rolle	Eine klar definierte und offiziell anerkannte Rolle erleichtert das zwischenmenschliche Verhalten: Jeder weiß, was er vom Inhaber einer bestimmten Rolle zu erwarten hat; ebenso weiß der Rollenträger, welches Verhalten die anderen von ihm erwarten.
Rolle und Person	Der Zusammenhang zwischen Rolle und der Person des Rolleninhabers ist allerdings komplexer Natur: Es gibt Personen, denen die jeweilige Rolle liegt; deshalb identifizieren sie sich entweder ganz mit ihr (die Person verschwindet hinter der Rolle) oder sie wandeln die Rolle entsprechend ihrer Person ab (die Person scheint durch die Rolle hindurch). Es gibt aber auch Personen, denen die Rolle nicht liegt. Auch in diesem Fall gibt es zwei Möglichkeiten: Entweder wird diese Spannung mit dr Zeit verarbeitet, z.B. durch allmähliches Hineinwachsen und Gewöhnung bzw. durch Ausübung der Rolle aus rein zweckrationalen Überlegungen. Oder dieses Auseinanderklaffen wird nicht verarbeitet: die Person passt sich zwar nach außen an, behält aber ihren inneren Protest gegen die Rolle bei; oder es wird offen protestiert unter Verweigerung der Anpassung an die Rollenerwartungen
Informelle Rollen	Neben den offiziell anerkannten, sogenannten formellen Rollen gibt es ein Geflecht von mehr oder minder deutlichen sog. Informellen Rollen, z. B. Meinungsführer, emotionaler Bezugspunkt, Sündenbock, Prügelknabe usw.

Abbildung 8   Rolle und Gruppen
Quelle: nach Antons 1992.

Damit eine Gruppe ihre Arbeit zielorientiert erledigen kann, bilden sich innerhalb der Gruppe bestimmte Rollenfunktionen aus, die ausschließlich diesem Zweck dienen.

Rollen verfolgen somit eine Weiterentwicklung des sozialen Gefüges einer Gruppe, um dem Zweck des Arbeitsvollzuges effizient nachkommen zu können. Es lassen sich dabei drei Rollendimensionen erkennen:

1. Aufgabenrollen

- Initiative und Aktivität = Lösungen vorschlagen, Ideen einbringen, Neuorganisation des Materials
- Informationssuche = genauere Klärung herbeiführen, ergänzende Informationen einfordern
- Informationen geben
- Ausarbeiten = Abklären, Beispiele für mögliche Entwicklungen geben
- Koordinieren = Ideen und Vorschläge zusammenbringen
- Zusammenfassen = Zusammenführen von verwandten Ideen und Vorschlägen

2. Erhaltungs- und Aufbaurollen

- Ermutigung = Freundlichkeit, Wärme, Ideen loben, Übereinstimmen und Annahmen anderer Beiträge
- Grenzen wahren = anderen Gruppenmitgliedern ermöglichen sich einzubringen „Wir haben von X noch gar nicht gehört, wie X zu diesem Thema steht." „ Y wollte dazu etwas sagen, erhielt aber noch keine Gelegenheit dazu."
- Regeln bilden
- Ausdruck der Gruppengefühlen = Zusammenfassung der Gefühlslage innerhalb der Gruppe Beschreiben von emotionalen Reaktionen der Gruppenmitglieder
- Vermitteln = Harmonisieren, Kompromisse vorschlagen
- Spannungen vermindern = angespannte Situationen in einen größeren Zusammenhang stellen, beruhigen

3. Rollen mit Spannungsindikator

- Aggressives Verhalten = Arbeiten für den eigenen Status durch Kritisieren und Blamieren
- Blockieren = Ausweichen auf Randprobleme, Angebot persönlicher Erfahrungen, die nichts mit dem vorliegenden Problem zu tun hat; hartnäckige Argumentation zu einem einzigen Punkt
- Selbstgeständnisse = Benützen der Gruppe als Resonanzboden für persönliche Gefühle und Gesichtspunkte
- Rivalisieren = sich mit anderen der Gruppe um die besten oder produktivsten Beiträge zanken, ständig am meisten sprechen, ständig die Führung an sich reißen wollen
- Clownerie
- Sich zurückziehen = passives Verhalten, Unsinn machen, mit anderen flüstern
- Beachtung suchen = Beachtung auf sich ziehen wollen, durch lautes und ausgiebiges Reden, extreme Ideen, ungewöhnliches Verhalten (vgl. dazu Antons 1992, S. 226-228)

Grundsätzlich darf festgestellt werden, dass das Wissen um die Rollen innerhalb einer Gruppe dazu beiträgt, dass eine Gruppe besser und erfolgreicher arbeiten kann. Erfolgreiches Arbeiten einer Gruppe steht also in direktem Zusammenhang zu

- besserem Bewusstsein der Rollen innerhalb der Gruppe
- zu mehr Sensibilität für das Erforderliche, um das Gewünschte zu erreichen
- einem Selbsttraining, um den Umfang der Rollenfunktionen zu prüfen und die Fähigkeiten einzuüben

Schlussfolgerungen für die schulische Praxis

> *„Man muss nicht lange nach Alternativschulen suchen, um ein didaktisches Konzept auszumachen, das lebendig ist, das die Interessen der Schüler, ihre Gefühle, die soziale Beziehungen in der Lerngruppe und persönlich wirklich bedeutsame Themen einschließt. Kurz: das Ich (der einzelne Lernende), das Wir (die klasse oder Lerngruppe) und das Es (das Thema, der*

Inhalt des Unterrichts) stehen ausgewogen in Balance" (Gudjons 1995, 10).

Die TZI basiert auf Erkenntnissen aus der Gruppentherapie. Ruth COHN entwickelte daraus das zu erklärende Arbeitsmodell auch für nichttherapeutische Gruppen (Beispiele: Unterrichtliche Lerngruppen an Schule und Hochschule, Studienseminare zur Lehrerausbildung, Konferenzgruppen in Wirtschaftsunternehmen, in betrieblichen Teams, politische Aktionsgruppen, Ausschüsse in der Verwaltung usw.). TZI ist ein pädagogisch-didaktisches methodisches System. Mit WOLFGANG SCHULZ hat TZI in die Didaktik gefunden (Schulz 1980). Immer geht es darum, Gleichgewicht zwischen Sachbezug und Beziehungsebenen unter lernenden und arbeitenden Menschen herbeizuführen.

Lebendiges Lernen im Sinne der TZI ist dann erreicht, wenn die vier Faktoren ICH-WIR-ES-GLOBE innerhalb der Lerngruppe in einer dynamischen Balance gehalten werden. Das ist dann gegeben, wenn über den Zeitraum der Zusammenarbeit alle vier Faktoren angemessen in der Themenformulierung und im Strukturangebot berücksichtigt werden.

Zu Beginn einer Gruppenveranstaltung Thema verbalisieren und visualisieren

Gemeint ist damit, dass die Inhalte der nächsten Gruppenstunde, des nächsten Angebotes entlang von persönlichen, gruppenspezifischen, inhaltlichen und umweltbedingenden Faktoren geplant wird und dass das Thema vor Beginn der Arbeitseinheit verbalisiert und visualisiert wird. Das kann in Form eines Plakat- oder Tafelanschriebs erfolgen. Dabei sollen Themen so gewählt werden, dass sich möglichst viele der Schüler angesprochen und aufgefordert fühlen.

Unter Strukturangebot subsumieren sich Arbeitsmethoden wie Rollenspiel, Moderation oder gestaltstherapeutische Arbeitsweisen aber auch Arbeitsformen wie Plenum, Stuhlkreis, Gruppen- oder Einzelarbeit. Die Lehrkraft bzw. der Erwachsene, der das Angebot anleitet, versteht sich dabei als Hüter, der die dynamische Balance versucht aufrecht zu halten. Seine Interventionen dienen diesem Zweck.

Die Arbeit mit und nach TZI in Gruppen wird durch **Hilfsregeln** unterstützt (vgl. Padberg 1998; Cohn 1975, 125-127):

1) Vertritt dich selbst in deinen Aussagen; sprich per »Ich« und nicht per »Wir« oder per »Man«.

    Diese Hilfsregeln wollen die Gruppenteilnehmer darin fördern, verantwortliche Aussagen zu machen und sich nicht hinter der Gruppe, Wir, oder einem abstrakten Teil der Menschheit, Man, zu verstecken. Durch das Unterlassen dieser persönlichen Versteckspiele wird die Kommunikation authentisch.

2) Wenn du eine Frage stellst, sage, warum du fragst und, was deine Frage für dich bedeutet. Sage dich selbst aus und vermeide das Interview

    Die Veröffentlichung der Gründe für meine Frage machen diese persönlicher und klarer. Meine echte Frage verlangt nach Information. Auch Fragen sind häufig Versteckspiele - immer dann, wenn sie keinem echten Informationsbedürfnis entsprechen. Unechte Antworten oder Gegenfragen sind die Reaktion der Befragten und bringen die Kommunikation auf einen unergiebigen Weg. Aussagen inspirieren zu Interaktion, Fragen bremsen häufig den Prozess der Gruppe.

3) Sei authentisch und selektiv in deinen Kommunikationen. Mache dir bewusst, was du denkst und fühlst, und wähle, was du sagst und tust.

    Diese Hilfsregel will meine Bewusstheit in der Kommunikation mit anderen unterstützten. Gleichzeitig weist sie darauf hin, dass ich meine Äußerungen der Situation anpasse. Alles ungefiltert zu sagen, würde Vertrauensbereitschaft und Verständnisfähigkeit der anderen oft überschreiten. Dinge von mir zu sagen, die nicht stimmen (nicht authentisch sind) verhindert echte Annäherung und Zusammenarbeit.

4) Halte dich mit Interpretationen von anderen so lange wie möglich zurück. Sprich stattdessen deine persönlichen Reaktionen aus.

    Interpretationen sind nur dann der Kommunikation dienlich, wenn sie richtig und zum richtigen Zeitpunkt geäußert werden. Sind sie es nicht, verursachen sie Abwehr und verlangsamen den Gruppenprozess. *"Nicht-interpretative, direkte persönliche Reaktionen zum Verhalten anderer führen zu spontaner Interaktion („Du redest, weil du immer im Mittelpunkt stehen willst"* versus *„Bitte rede nicht, ich möchte nachdenken"* oder *"Ich" möchte selbst reden"* Cohn 1975, 126).

5) Sei zurückhaltend mit Verallgemeinerungen.
Verallgemeinerungen haben häufig zusammenfassenden Charakter. Damit beenden sie tendenziell einen Gruppenprozess. Sie sind also v.a. an Stellen angebracht, wenn ein Thema beendet werden soll und zu einem anderen (Unter-) Thema übergeleitet wird.

6) Wenn du etwas über das Benehmen oder die Charakteristik eines anderen Teilnehmers aussagst, sage auch, was es dir bedeutet, dass er so ist, wie er ist (d.h. wie du ihn siehst).
Diese Hilfsregel zusammen mit Hilfsregel 2 ist dazu geeignet, das "Prügelknaben"-Phänomen in Gruppen zu verhindern. Interviewartige Fragen und Rückmeldung gegenüber einer Person können als Geheimwaffen gegen diese eingesetzt werden. Meine Aussage, wie ich jemand anders erlebe bleibt hingegen immer eine persönliche Meinung, keine vermeintlich allgemeingültige Wahrheit.

7) Seitengespräche haben Vorrang. Sie stören und sind meist wichtig. Sie würden nicht geschehen, wenn sie nicht wichtig wären.
Seitengespräche deuten mit hoher Wahrscheinlichkeit auf starke Beteiligung hin. Sie können unterschiedlich motiviert sein, z. B.: Der Seitensprecher ist ein eher langsamer Redner, kommt nicht zum Zug und will sich von seinem Seitengesprächspartner Hilfe holen; der Seitensprecher ist aus dem Gruppenprozess herausgefallen und sucht einen Privatweg, um zurückzufinden. Bei dieser Hilfsregel ist es besonders wichtig, dass sie als Aufforderung und nicht als Zwang erlebt wird.

8) Nur einer zur gleichen Zeit bitte.
Ich kann mich nur auf einen Wortbeitrag gleichzeitig konzentrieren, deswegen müssen sie nacheinander erfolgen. Inwiefern nonverbale Äußerungen in zu großer Gleichzeitigkeit die gemeinsame Kommunikation stören, muss jeweils von den betreffenden Teilnehmern entschieden werden.

9) Wenn mehr als einer gleichzeitig sprechen will, verständigt euch in Stichworten, über was ihr zu sprechen beabsichtigt.

Eine kurze Klärung der Bedürfnisse nach Teilnahme an Gespräch verhindert, dass einzelne "auf heißen Kohlen sitzen", weil sie unbedingt etwas beitragen wollen. Daneben liefert der kurze Austausch allen einen Überblick und ermöglicht so der Gesamtgruppe, zu entscheiden, wie vorgegangen werden soll.

Die Hilfsregeln um jeden Preis durchzusetzen führt sie ad absurdum. Ein Beispiel: Eine Schülerin äußert sich nach wochenlangem Schweigen zum ersten Mal unaufgefordert zum Thema des Unterrichts: *"Ich glaube, man sagt..."* Der Lehrer fährt dazwischen: *"Sprich doch von Dir, sag nicht »man«, sag »ich«!"*. Die Schülerin wurde wieder stumm...

Es gilt, die Hilfsregeln situationsspezifisch und taktvoll einzuführen. Die jeweilige Gruppe kann für sich auch eigene Hilfsregeln erfinden. Die Hilfsregeln dienen der konkreten Umsetzung der zwei Postulate – sei dein eigener Chairman und Störungen haben Vorrang.

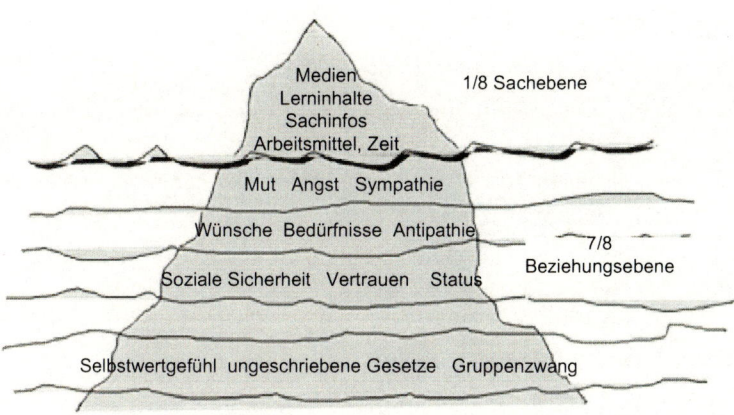

Abbildung 9 Eisbergmodell
Quelle: in Anlehnung an Langmaack; Braune-Krikau, 1989.

Die Bedeutung von TZI für den Unterricht lässt zusammenfassend über folgende Punkte darstellen:
1) Die Rolle des Lehrenden wird als wichtig anerkannt
2) Lehrende sind Teil der Lerngruppe und stehen nicht außerhalb

3) Die Rolle des Motivators geht vom Lehrer weg in die Gruppe und den einzelnen Schüler
4) Lehrende erkennen an, dass Schüler intrinsisch motiviert sind zu lernen
5) Die Gruppe muss ihren Lernweg finden, nicht der Lehrende gibt ihn vor – die Eigenständigkeit und Mitverantwortung für den Lernerfolg wird nicht mehr alleine getragen
6) TZI unterstützt die Unterrichtsplanung – es geht um die Balance zwischen ICH-WIR-ES-GLOBE (Vier-Faktoren-Modell)
7) Das Vier-Faktoren-Modell bietet eine gute Grundlagen für die Unterrichtsreflexion

Aufgabe

Lesen Sie **Lesetext 1** „Themenzentrierte Interaktion Cohn" und **Lesetext 2** „Herbert Gudjons: Die themenzentrierte Interaktion" und fassen Sie die Kernaussagen zusammen und vergleichen Sie in der Gruppe.

Reflexionsfragen

1) Wie wirken sich Motive auf das Individuum aus?
2) Welche Schlussfolgerungen lassen sich aus der Bedürfnispyramide ziehen?
3) Welche Phasen durchlaufen Gruppen in der Regel und was lässt sich für die Praxis schlussfolgern?
4) Wie lassen sich die Rollen innerhalb einer Gruppe beschreiben?

1.5 Gesundheitsförderung

Seit der Gründung der Weltgesundheitsorganisation (WHO) im Jahre 1948 haben viele Versuche stattgefunden, das Thema „Gesundheit" mit seiner umfassenden Bedeutung für das Individuum zu thematisieren. Die WHO definiert Gesundheit als den „Zustand des völligen körperlichen, seelischen und sozialen Wohlbefindens." Im Bereich der Gesundheitssoziologie werden die Zusammenhänge zwischen Gesundheit und Krankheit und deren Bedingungen erforscht. KLAUS HURRELMANN (2000) beschreibt, dass sich insbesondere im letzten Jahrhundert das gesamte Krankheitsspektrum verschoben hat und gleichsam das Verständnis von Gesundheit und der entsprechende Umgang damit. Die Frage nach den krankmachenden Faktoren wurde zusehends von der Frage "Was hält den Menschen gesund?" abgelöst. In diesem Zusammenhang ist das salutogenetische Gesundheitsmodell von AARON ANTONOWSKI zu erwähnen. Er beschreibt Gesundheit als eine dynamische Interaktion zwischen Gefährdung und Belastung einerseits und schützenden und unterstützenden Faktoren andererseits. Die Gesundheit ist in diesem Kontext ein labiles und dynamisches Geschehen, das immer wieder unterstützt und aufgebaut wird. Als Kriterien für Krankheiten führt ANTONOWSKI den subjektiv empfundenen Schmerz und die funktionalen Einschränkungen von Sinnen und Bewegung und die Spielräume des sozialen Handelns an. Darauf aufbauend beschreibt er in seinem Modell Widerstandsressourcen auf den verschiedenen Ebenen. Dieser salutogenetische Grundgedanke hat die pragmatische Entwicklung von gesundheitsfördernden Maßnahmen und Arbeitskonzepten maßgeblich beeinflusst (Hurrelmann 2000, 59).

Gesundheit als dynamische Interaktion zwischen Gefährdung und Belastung und schützenden Faktoren

Burnout

Die Burnout-Forschung begann in den 1970er Jahren und sah vorerst Burnout ausschließlich in den helfenden Berufen und beschäftigte sich damit, eine einheitliche Definition für die Erkrankung „Burnout" zu finden. In der historischen Entwicklung entstanden die unterschiedlichsten Modelle mit den verschiedensten Erklärungsschwerpunkten. Allerdings ist jede Burnout- Erkrankung sehr individuell und dementsprechend von den unterschiedlichsten Symptomen begleitet. Dieser Umstand macht es so schwierig, Burnout klar zu definieren und gegen andere Erkrankungen wie z.B. Depressionen abzugrenzen. Eine einheitliche wissenschaftliche Begriffserklärung lässt sich an dieser Stelle nicht kurz und bündig darstellen. Burnout wurde zwar von der WHO in die internationale Klassifikation psychischer Störungen (ICD-10) als „Faktoren, die den Gesundheitszustand beeinflussen und zur Inanspruchnahme von Gesundheitsdiensten führen" aufgenommen, jedoch als Diagnose und nicht als Krankheit (Schmitz 2004, 52). Burnout kann also nicht als *eine* Krankheit mit *einer* Definition spezifiziert werden. Noch immer beschränkt sich die Definition auf verschiedene heterogene Ansätze, je nach Auffassung der Autoren und Wissenschaftler, die sich mit diesem Thema beschäftigten und weiterhin beschäftigen (Barth 1997, 20). Trotzdem kann davon ausgegangen werden, dass es bei einem typischen Krankheitsverlauf zu emotionaler Erschöpfung, Depersonalisation und reduzierter Leistungsfähigkeit kommt und auf den Beruf bezogen ist.

Das Maslach Burnout Inventory (**MBI**) wurde von CHRISTINA MASLACH und SUSAN E. JACKSON (1986) zur Erfassung für Burnout entwickelt. Das MBI wurde seither immer wieder weiterentwickelt und ist in der Burnout-Forschung das am häufigsten verwendete Messinstrument (vgl. Burisch 2006). Dabei wird mit dem Fragebogen des MBI für Lehrerinnen und Lehrer die Regelmässigkeit ihrer Gefühle abgefragt, die sie im Zusammenhang mit dem Beruf erleben. Zur Beantwortung stehen sechs Abstufungen zur Verfügung: Niemals = 0, ein paarmal im Jahr = 1, monatlich = 2, ein paarmal im Monat = 3, wöchentlich = 4, ein paarmal in der Woche = 5, täglich = 6.

Die 22 Items des MBI-ES :

A: Emotionale Erschöpfung:

- Ich fühle mich von meiner Arbeit emotional ausgelaugt.
- Ich fühle mich am Ende eines Schultages verbraucht.
- Ich fühle mich müde und matt, wenn ich morgens aufstehe und wieder einen Schultag vor mir habe.
- Einen ganzen Tag mit Menschen zu arbeiten, ist wirklich eine Belastung für mich.
- Ich fühle mich ausgebrannt von meiner Arbeit.
- Ich habe das Gefühl, dass ich in meinem Beruf zu hart arbeite.
- Ich fühle mich frustriert durch meinen Beruf.
- Der direkte Umgang mit Kindern bedeutet für mich zu viel Stress.
- Ich habe das Gefühl, bald am Ende meiner Kräfte zu sein.

B: Depersonalisation

- Ich habe das Gefühl, dass ich manche Schülerinnen und Schüler so behandle, als ob sie unpersönliche Objekte sind.
- Ich bin irgendwie abgestumpft gegenüber Menschen geworden, seitdem ich in diesem Beruf arbeite.
- Ich befürchte, dass mich dieser Beruf gefühlsmäßig verhärtet.
- Bei manchen Schülerinnen und Schülern ist mir eigentlich ziemlich egal, was mit ihnen passiert.
- Ich habe das Gefühl, dass mir die Schülerinnen und Schüler die Schuld für ihre Schwierigkeiten zuschieben wollen.

C: Leistungszufriedenheit, in der Lehrerskala als zwischenmenschlicher Erfolg bezeichnet:

- Ich kann mich gut in die Gefühle meiner Schülerinnen und Schüler hineinversetzen.
- Ich gehe erfolgreich mit den Problemen meiner Schülerinnen und Schüler um.
- Ich habe das Gefühl, dass ich das Leben anderer Menschen durch meine Arbeit positiv beeinflusse.
- Ich fühle mich voller Energie.
- Es fällt mir leicht, mit meinen Schülerinnen und Schülern eine entspannte Atmosphäre zu schaffen.
- Ich fühle mich erfüllt und „aufgestellt", wenn ich eng mit den Kindern zusammengearbeitet habe (Märki 2007, 70)

Burnout wirkt sich auf die unterschiedlichsten Ebenen in beruflichen und privaten Bereichen aus. Daher führt die Erkrankung nicht nur zu einem großen volkswirtschaftlichen Schaden, sondern hat auch starke Auswirkungen auf das soziale Umfeld des Einzelnen. Präventionsmaßnahmen und Interventionen sind daher unerlässlich. Alle gesundheitsfördernden Maßnahmen haben das Ziel, auf den unterschiedlichen Ebenen des Individuums mögliche Ressourcen zu identifizieren und zu stärken.

Die Frage, was Pädagogen brauchen, um gesund zu bleiben, kann nicht nur über die Steuerung des persönlichen Engagements beantwortet werden. Selbst wenn alle individuellen Risikofaktoren eliminiert worden sind, bleiben Pädagogen weiterhin von ihrem beruflichen Umfeld und den Rahmenbedingungen abhängig und stehen unter deren Wirkung. Diese Rahmenbedingungen sind generell untrennbar mit gesellschaftspolitischen Fragestellungen verknüpft und können vom Einzelnen wenig beeinflusst werden. So wirken Bildungshysterie, Ganztagesbeschulung, Schulentwicklung und Ressourcenverknappung usw. dazu, dass systemisch begründete Belastungsfaktoren unverfügbar bleiben und weiterhin auf die Pädagogen wirken können. Gesundheitsfördernde Konzepte können daher nur bedingt ihre volle Wirkung entfalten und umso mehr ist es wichtig, dass alle Beteiligten ihre Beitrag zur Minimierung zusätzlicher Risikoparameter für Stress und Burnout vermeiden und verantwortlich mit den eigenen und den Ressourcen der Kollegen umgehen.

Belastungsfaktoren

Burnout wird von den unterschiedlichsten Faktoren beeinflusst. Zu diesen Faktoren zählen objektive und subjektiv empfundene Belastungen, sowie Persönlichkeitsmerkmale und die Rahmenbedingungen. Diese sind in Bezug auf den Lehrberuf eingehend untersucht und beschrieben worden. Die berufliche Beanspruchung hat aus der Sicht der befragten Lehrpersonen laut einer Untersuchung deutlich zugenommen. Die befragten Lehrerinnen und Lehrer gaben an, dass der Umgang mit den Eltern, die vermehrte Übernahme von Erziehungsaufgaben, der Umgang mit der Heterogenität der Klassen, sowie die institutionalisierte Zusammenarbeit mit dem Kollegium am meisten zur Beanspruchungen beigetragen haben (Herzog 2007, 371).

Beanspruchung kann Wohlbefinden und Leistungsfähigkeit fördern aber auch Psyche und Physis belasten.

Beanspruchungen sind an jede Art von Tätigkeit geknüpft und können sowohl positive als auch negative Reaktionen hervorrufen. Positive Beanspruchungsreaktionen verbessern das Wohlbefinden und die Leistungsfähigkeit, während negative Beanspruchungsreaktionen das psychische und physische Befinden einer Person beeinträchtigen. Ermüdung kann die Folge davon sein (Frei 1996, 24). Ignoriert eine Lehrperson diese Warnsignale, kann es zu den typischen Beanspruchungsfolgen wie chronischem Stress oder Burnout kommen (vgl. Märki 2000, 32)

Die subjektive Belastung (auch psychische Belastung) ist durch persönliche Voraussetzungen gekennzeichnet. Hier spielen die individuellen Motive, Emotionen und die kognitiven Voraussetzungen einer Person eine wichtige Rolle. Die individuellen Voraussetzungen, wie z. B. berufliche Qualifikation, körperliche Leistungsfähigkeit und Lebensalter, beeinflussen die Handlungsfähigkeit des Individuums. Sie sind die Grundvoraussetzung der Persönlichkeit und beeinflussen somit direkt die objektiven Belastungen. Daraus resultiert die subjektive Belastung. Sowohl subjektive als auch objektive Belastung werden von der einzelnen Person individuell bewertet und entweder als negativ oder positiv erlebt. Beispielsweise ist es möglich, dass eine grosse Gruppe von einer Person als belastend empfunden wird, von einer anderen jedoch nicht.

Ein weiterer Faktor ist die Selbstbelastung, die als besonderer Gesichtspunkt der subjektiven Belastung bezeichnet werden kann. Die Selbstbelastung beinhaltet Belastungen, die sich die betreffende Person selbst auferlegt. Beispielsweise können mangelnde Kompetenzen oder ungeeignete Verhaltensweisen die erwünschten Arbeitsergebnisse beeinträchtigen oder verhindern und dadurch zur Selbstbelastung führen (Frei 1996, 19).

Stress entsteht durch Situationen, die den Menschen herausfordern zu handeln. Sieht sich die Person den Stressoren gewachsen, das heisst, das Individuum hat entsprechende Voraussetzungen, die Situation zu bewältigen, wird dieser Druck als positiv (motivierend) empfunden. In diesem Fall spricht man von *Eustress*. Um mit einer Stresssituation erfolgreich umzugehen zu können, müssen dem Individuum genügend Ressourcen sowie Handlungs- und Bewältigungsstrategien zur Verfügung stehen. Löst die Situation bei der Person allerdings das Gefühl aus, die Herausforderung nicht annehmen zu können, weil die entsprechenden Lösungsmöglichkeiten nicht vorhanden sind, fühlt sich die Person „gestresst". Dieser sogenannte Distress ist im Zusammenhang mit der Burnout-Frage interessant (Kunz; Heim & Nido 2008, 16). Die motivierende Wirkung von Stress kann nicht unbegrenzt wirken und ab einem bestimmten Zeitpunkt zwangsläufig negative Auswirkungen auf die Gesundheit. Wie sich Stress auf den Organismus auswirkt, ist sehr stark von der subjektiven

> Stress entsteht durch Situationen, die den Menschen herausfordern.

Wahrnehmung abhängig. Jede Person hat ihre eigene Stressschwelle und ordnet dementsprechend die Stressoren als positiv oder negativ ein (Lattmann; Rüedi 2003, 78 u. 84).

Persönlichkeitsstrukturen/ persönliches Verhalten

UWE SCHAARSCHMIDT UND ANDREAS W. FISCHER (2001) gehen davon aus, dass persönliches und arbeitsbezogenes Verhalten und Erleben im Zusammenhang mit der Bewältigung von Arbeitsbelastung stehen. Die persönlichen Bewältigungsstrategien haben somit einen positiven oder negativen Einfluss auf die Bewältigung von Arbeitsanforderungen. Mit dem von ihnen entwickelten Verfahren (AVEM) können individuelle Verhaltens- und Erlebensmuster empirisch erfasst werden. Auf der Grundlage von elf Dimensionen, die sich auf die drei Faktoren Arbeitsengagement, persönliche Widerstandsfähigkeit und Wohlbefinden beziehen, lassen sich vier Persönlichkeitsmuster zum Bewältigungsverhalten ableiten (vgl. Schaarschmidt in Hillert &Schmitz 2004, 99)

Arbeitsengagement beinhaltet	subjektive Bedeutsamkeit der Arbeit beruflicher Ehrgeiz Verausgabungsbereitschaft Perfektionsstreben Distanzierungsfähigkeit
Widerstandsfähigkeit beinhaltet	Resignationstendenz bei Misserfolg offensive Problembewältigung innere Ruhe und Ausgeglichenheit
Emotionen beinhaltet	Erfolgserleben im Beruf Lebenszufriedenheit Erleben sozialer Unterstützung

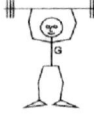 **Muster G:** Das Muster G steht für Gesundheit und ein gesundheitsförderliches Verhältnis gegenüber der Arbeit. Personen, die diesem Muster angehören, haben einen starken beruflichen Ehrgeiz. Trotz hohem Enga-

gement ist die Distanzierungsfähigkeit erhalten. Die Widerstandkraft gegenüber Belastungen ist hoch, die Problembewältigung offensiv und die Resignationstendenz bei Misserfolgen gering. Gleichzeitig herrscht innere Ruhe, Ausgeglichenheit und ein hoher Wert an positiven Emotionen wie z.B. Erfolgserleben und Lebenszufriedenheit.

Muster S: S steht hier für Schonung. Personen, die zu diesem Muster zählen, messen ihrer Arbeit eine geringe Bedeutung bei, haben wenig beruflichen Ehrgeiz und Verausgabungsbereitschaft oder Perfektionsstreben bei grosser Distanzierungsfähigkeit. Die innere Ruhe, Ausgeglichenheit und Widerstandsfähigkeit gegenüber Belastungen ist hoch ausgeprägt. Das Lebensgefühl ist positiv, dies lässt sich aber eher auf ein zufriedenstellendes Privatleben zurückführen.

Risikomuster A: Dieses Muster bezeichnet ein überhöhtes Arbeitsengagement, verbunden mit hoher Verausgabungsbereitschaft und Perfektionsstreben. Dabei haben diese Personen eine geringe Distanzierungsfähigkeit und eine verminderte Widerstandsfähigkeit gegenüber Belastungen sowie eine geringe innere Ruhe und Lebenszufriedenheit. Trotz hoher Anstrengungen werden kaum positive Emotionen empfunden und die Resignationstendenz ist hoch. Dieses Muster birgt generell ein Gesundheitsrisiko.

Risikomuster B: Die hohe Resignationstendenz steht bei diesem Bewältigungsmuster im Vordergrund. Die Personen zeigen eine geringe innere Ruhe und Ausgeglichenheit und wenig offensive Problembewältigung. Das eigene Erfolgserleben bleibt aus. Arbeitsengagement und Motivation sowie die Widerstandsfähigkeit gegenüber Belastungen sind gering. Dazu kommt eine eingeschränkte Distanzierungsfähigkeit. Ganz wesentlich bei diesem Risikomuster ist die geringe subjektive Bedeutung, die sich die Person selbst zumisst. Das Muster weist Gemeinsamkeiten mit dem Muster S auf, birgt allerdings im Gegensatz dazu ein hohes Burnout-Risiko (vgl. Schaarschmidt in Hillert; Schmitz 2004, 99).

Eine hohe Widerstandskraft (Hardiness)

Unter "Hardiness" versteht man eine generelle Einstellung, die zu einer gewissen Stressresistenz führt. Sie ist eine Widerstandskraft, die es zulässt, belastende Situationen als Herausforderung zu interpretieren. SUSAN C. KOBASA (1979) entwickelte dazu ein Modell, das sich aus den drei folgenden Komponenten zusammensetzt.

- **Engagement:** Hierunter versteht KOBASA die Fähigkeit, an den Wert und die Wichtigkeit dessen zu glauben, was man ist und was man tut. Daraus entsteht eine positive Tendenz, sich in den unterschiedlichen Lebensbereichen zu engagieren und darin aufgehen zu wollen. Durch dieses Engagement können Belastungen gepuffert werden, weil das Gefühl der Sinn- und Zweckhaftigkeit auch in belastenden Situationen aufrechterhalten bleibt.
- **Herausforderung:** Basiert ein Lebenskonzept auf dem Prinzip der Veränderungen, so können belastende Ereignisse als Möglichkeiten und Chancen zur persönlichen Veränderung interpretiert werden. Sie werden dadurch nicht als generelle Bedrohungen der Stabilität und Sicherheit verstanden.
- **Kontrolle:** Dieses Gefühl wird als die Tendenz definiert zu glauben, dass der Lauf der Dinge durch das eigene Handeln beeinflusst werden kann. Gleichzeitig ist es dadurch möglich, eintretende Ereignisse als Phasen eines sinnhaften Gesamtkonstruktes zu sehen und sie nicht als bedrohlichen Kontrollverlust zu erleben.

Ein guter Bewältigungsstil

ANTONOVSKY (1988) beschreibt den Kohärenzsinn als eine Grundorientierung, in der ein dauerhaftes und gleichzeitig dynamisches Gefühl des Vertrauens in die inneren und äusseren Gegebenheiten vorherrscht". Das Kohärenzgefühl ermöglicht dem Individuum, Vertrauen in die Verstehbarkeit, Handhabbarkeit und Sinnhaftigkeit intrapsychischer und beruflicher Anforderungen aufzubringen. Es schützt daher als zentrale Ressource vor dysfunktionalen Bewältigungsmustern und somit auch vor Burnout.

Ausserdem konnte nachgewiesen werden, dass das Kohärenzgefühl vom Alter und Geschlecht abhängig ist. Mit zunehmendem Alter verändern sich dysfunktionale Bewältigungsmuster und belasten weniger (vgl. Schegelberger 2010, 121-122)

Allgemeine Gereiztheit, starke Ärger-Neigung und negative Affektivität, schwaches Selbstvertrauen und eine gewisse Angstneigung in Verbindung mit einer selbstherabsetzenden Haltung sind Persönlichkeitsmerkmale, die den Verlauf einer Burnout-Erkrankung stark begünstigen können (vgl. Rösing 2008, 96-99).

Ansätze zur Prävention von Burnout

So vielseitig wie die Erklärungen zur Entstehung von Burnout sind, so breit ist auch das Spektrum der derzeit angebotenen Präventionsmassnahmen und Strategien. INA RÖSING (2008, 116) stellt kritisch fest,

> *"dass sich bei den Präventionsmassnahmen und bei der Behandlung von Burnout das gesamte Spektrum möglicher psychosozialer Intervention der westlichen Kultur finden lässt".*

Sie verweist auf einem unbefriedigenden Stand der professionellen bzw. wissenschaftlich fundierten Burnout-Behandlung und deren systematischer Erforschung. Massnahmen, auf der persönlichen Ebene zielen darauf ab, das Individuum und seine individuellen Ressourcen zu stärken, um damit eine gewisse Stressresistenz zu erreichen. Auf der interpersonalen Ebene wird die soziale Kompetenz des Individuums aufzubauen und zu unterstützen. Durch institutionelle und strukturelle Veränderungen können am Arbeitsplatz Rahmenbedingungen geschaffen werden, die stressreduzierend sind (vgl. Kunz; Heim & Nido 2008, 47).

Präventionsmassnahmen und Behandlungsmethoden sind nur erfolgreich und nachhaltig, wenn sowohl beim Individuum als auch bei der Umwelt angesetzt wird Umso erstaunlicher ist es, dass sich in der Literatur vor allem die individuumszentrierten Ansätze häufen (vgl. Kunz; Heim & Nido 2008: 55).

Die neun Stufen der Burnout-Prävention (nach T. H. Bergner)

Burnout entsteht nicht einfach aus einem unerklärlichen Schicksalsschlag heraus. Wie bereits oben erwähnt gibt es Persönlichkeitsmerkmale und Eigenschaften, die den Weg in ein Burnout begünstigen. Unter diesem Gesichtspunkt fordert THOMAS BERGNER (2007) dazu auf, das Augenmerk auf die eigenen individuellen Verhaltensmuster zu richten und diese bei Bedarf entsprechend zu bearbeiten. Er weist explizit darauf hin, dass die Stufen und die dazugehörigen Übungen variabel verknüpft werden können und nicht zwingend chronologisch abgearbeitet werden müssen.

Stufe 1 : Zeitsouveränität
BERGNER (2007, 67) beschreibt, wie sich aus dem ständigen mehr oder weniger unterschwelligen Zeitdruck eine latente Angststimmung entwickelt, die große Relevanz für die Entwicklung eines Burnouts hat. BERGNER rät deshalb zu einem respektvollen und souveränen Umgang mit der Zeit und dazu, dabei folgende Gesichtspunkte zu berücksichtigen: Zeit ist relativ und es liegt an der persönlichen Bewertung, wie sie empfunden und verwaltet wird. Bei einem gesundheitsförderlichen Zeitmanagement wechseln sich die Phasen von Effizienz und Effektivität, Arbeit und Freizeit, Schlaf und Wachsein, Beschleunigung und Innehalten rhythmisiert ab und unterliegen keinem starren Konstrukt. Ist diese Planung gepaart mit dem entsprechenden Realitätssinn und der Fähigkeit zum sinnvollen Delegieren fehlen die wichtigsten Grundvoraussetzungen für ein Burnout. Als verbales Burnout-Verhütungsmittel empfiehlt er den gezielten Einsatz des Wörtchens „Nein". Gezieltes Abgrenzen anderen gegenüber, aber auch gegenüber sich selbst ist in der heutigen Zeit, eine lebensnotwendige Strategie. Sabbatzeiten und Auszeiten können ebenfalls segensreich wirken. In der Zurückgezogenheit und bei der intensiven Begegnung mit der Stille kommt es zu Kontakten mit dem eigenen Inneren: Daraus kann eine enorme Kraft erwachsen. MIRIAM MECKEL (2010) beschreibt in ihrem Buch sehr eindrücklich, dass gerade die Konfrontation mit der Stille und dem Nichtstun in ihr einen der schwierigsten Prozesse auf dem Weg zur Genesung auslöste.

Stufe 2: Eigenbestimmtheit

Kann Wissen in reale Handlungen umgesetzt werden, entsteht beim Individuum ein Gefühl von Selbstbestimmung und in einem selbstbestimmten Leben findet Burnout keinen Nährboden. Dies beinhaltet auch eigenverantwortliches Handeln, das sich unter anderem auch auf der sprachlichen Ebene spiegelt. Wenn Wünsche und Bedürfnisse über Ich-Botschaften klar formuliert werden und nicht versteckt über „man könnte"-Aussagen transportiert werden, liegt die Chance auf Erfüllung der geäußerten Wünsche und Bedürfnisse wesentlich höher.

Ohnmachtsgefühle spielen eine wichtige Rolle und sind bis zu einem gewissen Teil auslösende Faktoren für Burnout. Zunächst unbewusst, verstecken sie sich hinter Omnipotenzgefühlen, die sich in blindem Aktionismus äussern können. Im weiteren Verlauf werden sie immer offensichtlicher und sind dabei nicht selten mit zunehmender und lähmender Angst gepaart. Ängste können ihrerseits zu Aggressionen führen. Diese bilden wiederum den Nährboden für Grenzüberschreitungen. Die Fähigkeit, Grenzen bei sich selber und beim Gegenüber zu wahren und zu schützen, ist in allen sozialen Berufen besonders wichtig. BERGNER (2007, 94) stellt als unterstützende Hilfe zur Selbsthilfe das ABCDE-Schema der rational-emotiven Therapie vor:

A steht für Auslöser:

Gemeint sind damit: Ereignisse, das Verhalten anderer Menschen, Wahrnehmungen über den eigenen Körper, Erinnerungen und/oder eigene Fantasien.

B steht für Beurteilung:

Damit sind Gedanken gemeint: Ein innerer Dialog, der bewusst gemacht werden oder automatisch auftreten kann. Letztlich sind es oft irrationale Gedanken.

C meint (c) Konsequenz:

Welche Konsequenz ergibt sich für mich durch diese Auslöser?

D diskutiert mit sich selbst:

In dieser Diskussion werden vier Fragen beantwortet:

- Ist es wirklich wahr?
- Entspricht es den Tatsachen?
- Bringt es mich meinem Ziel näher?

- Schädige ich mich selbst dadurch? Bringe ich mich dadurch in einen Konflikt?
- Schädige ich jemand anderen? Bringe ich andere in einen Konflikt?

E bedeutet Effekt:
Wie will ich mich mit/ bei dieser Aufgabe oder Herausforderung fühlen, hätte ich es alleine in der Hand.

Zur Eigenbestimmtheit gehört auch ein adäquater Umgang mit dem eigenen Körper. Was braucht mein Körper und wie kann ich es ihm geben? sind die allumfassenden Fragen zu diesem Bereich. Zur körperlichen Gesundheit gehören unter anderem sportliche Aktivitäten, ausreichender Schlaf, eine gesunde Ernährung und nicht zuletzt, der wohl dosierte Genuss (vgl. Bergner 2007, 118).

Stufe 3: Zufriedenheitskonstanz
Eigene Handlungsspielräume zu erkennen und diese zu akzeptieren, ist eine wichtige Voraussetzung, um zur inneren Zufriedenheit gelangen zu können. Dazu gehört, dass sich das Individuum mit seinen eigenen Wünschen und Bedürfnissen auseinandersetzt und diese in die individuelle Lebensgestaltung mit einbezieht. Wer selber nicht weiß, um was es eigentlich geht, wer nicht selber erkennen kann, was er wirklich braucht, wer sich ständig als Opfer fühlt oder sogar dankbar die Opferrolle annimmt, wird es schwer haben, die von aussen gewünschte Zuwendung und Anerkennung zu bekommen. Wer seine eigenen Schwächen nicht integrieren kann, wird immer stärkere Ängste entwickeln, zu Selbstzweifel neigen und immer mehr Energien benötigen, um sich selber in der Balance zu halten. Diese eigene Unzufriedenheit kann zu einer inneren Unruhe führen, die das Individuum unermüdlich weitertreibt, bis es in der letzten Stufe des Burnout endgültig verzweifelt unter der eigenen Last zusammenbricht (vgl. Bergner 2007, 122-123).

Stufe 4: Stresstoleranz
In der Umgebung jedes Individuums entstehen immer wieder Belastungen. Stress empfinden hat auch immer etwas mit der per-

sönlichen Einschätzung der Situation und deren innerer Einschätzung und Bewertung zu tun (Lattmann; Ruedi 2003, 95). Bergner spricht von einer Stresstoleranz im Kopf, die entwickelt werden sollte. Um diese zu erreichen, stellt er folgende Arbeitsfelder vor:

- Selbstsicherheit und Ausgeglichenheit
- Freude, Humor und Optimismus
- Eindeutigkeit und Authentizität
- Wertschätzungen und eigene Gefühle
- Motivation und Wille

Stufe 5: Dyadenkompetenz
„Der Mensch wird am Du zum Ich" (Martin Buber).
Unter Dyadenkompetenz versteht man die Fähigkeit, Zweierbeziehungen privater oder beruflicher Natur so zu gestalten, dass sie die Individuen bereichern und nicht schwächen. Gerade im Lehrerberuf ist die Dyadenkompetenz von grösster Bedeutung. Der Beruf lebt davon, in welcher Form die Lehrperson mit ihrem Gegenüber (Schüler, Eltern, Kollege usw.) in Beziehung treten kann. „Von seiner sozial-kommunikativen Kompetenz hängen sowohl der berufliche Erfolg als auch seine psychische Gesundheit in entscheidendem Masse ab." (Schaarschmidt, Kieschke 2007, 122) Damit diese Beziehungen stattfinden können, bedarf es einer guten Kommunikation. "Sprache kann heilen oder zerstören." Sie richtig und zum Wohl des anderen anzuwenden, ist die zentrale Aufgabe der Dyadenkompetenz (Bergner 2007, 202).

„Es ist fast unmöglich, sich selber oder andere zu schätzen, wenn man ständig bewertet" (Satir in Bergner 2007, 215). Gerade Lehrerinnen und Lehrer sind beruflich dazu gezwungen, immer wieder nach scheinbar objektiven Kriterien bewerten zu müssen. Unterschwellige oder offensichtliche Bewertungen, hinter denen sich eigene mehr oder weniger bewusste Erwartungen und Lebensmuster verstecken, schaffen Distanz im Umgang miteinander. In schwierigen Situationen authentisch bleiben, den Standort und damit die Sichtweise wechseln zu können oder in einem offenen Gespräch die Selbstwahrnehmung mit der Aussenwirkung abzu-

gleichen, sind Fähigkeiten, die geübt werden können und die vor Burnout im hohen Masse schützen.

Stufe 6 : Situationstoleranz

> "Burnout bedeutet, eine Situation als unerträglich zu empfinden und gleichzeitig zu meinen, diese weder verlassen noch ändern zu können." (Berger 2007, 222)

Häufig ergeben sich im beruflichen Schulalltag Situationen, in denen sich die betroffenen Lehrpersonen in einer Zwickmühle sehen. Verharren sie unreflektiert in dieser Situation, so kann das zu einer Anpassung führen, die auf Dauer selbstschädigend wirkt. Innere Kündigung und mangelnde Zufriedenheit sind häufig die Folge. Ein Verlassen der Situation scheint nicht möglich, da persönliche, ökonomische und berufliche Zwänge mitunter stärker wirken. Dies ist vor allem der Fall, wenn die gesamte Lebensplanung in Frage gestellt werden muss und Alternativen dazu notwendig werden. „Was kostet mich die Entscheidung materiell, emotional und auf der familiären Ebene" ist die Kernfrage in dieser Phase (vgl. Bergner 2007, 227).

Kann sich die betroffene Person nicht der Situation entziehen, so besteht die Möglichkeit, den "Königsweg des späten Einverstandenseins" zu gehen. Die betroffene Person arrangiert sich im Nachhinein mit der Situation und bewertet sie neu. Nach einer solchen Neubewertung ist sie dann in der Lage, die Situation positiver zu sehen. Im Sinne von Kant „Ich kann, weil ich will, was ich muss" wird dieser Umstand trefflich beschrieben und führt so zu einer Belastungsminderung aufgrund einer geänderten persönlichen Beurteilung der Situation.

Stufe 7: Rollensicherheit

Die Lehrerrolle als solche ist ein hoch komplexes Gebilde. Bei der Ausübung des Berufes sind die Lehrerinnen unter anderem in den Rollen als Fachvertreter, Erzieher und Sozialpädagogen gefragt. Dabei organisieren sie die Lernprozesse der Schülerinnen und Schüler. Sie sind dadurch mehr oder weniger an der Verteilung von Lebenschancen beteiligt und fungieren somit auch auf einer gesellschaftspolitischen Ebene. Hinzu kommen die unterschiedlichsten Rollen auf der privaten und familiären Ebene. Diese vielschichtigen Rollenkonflikte und ein hoher Erwartungsdruck verschleissen auf Dauer die Kräfte der Lehrer. Wird eine komplexe Rolle wie z.B. die "Rolle des Lebens" nicht erreicht, so droht Burnout (vgl. Bergner 2007, 230). Rollenfixierungen müssen erkannt und entsprechend geändert bzw. angepasst werden.

Die folgende Übung dafür ist exemplarisch zu sehen: Welche Gefühle sind nun in Ihnen? Kommt Ihnen vielleicht eine Idee, welche grundsätzliche Rolle Sie in Ihrem Leben ausfüllen möchten? Bleibt Ihre schon definierte Rolle gleich? Und insbesondere: Füllen Sie diese Rolle aus oder gerade nicht? Wie können Sie erreichen, doch noch die Rolle zu leben, die Sie anstreben? (vgl. Bergner 2007, 235).

Stufe 8: Zielerkennung

Ziele liegen in der Zukunft und weisen uns eine Richtung, in die die Entwicklung gehen soll. Sind die Ziele sinnvoll gesteckt und erreichbar, geben sie uns das Gefühl voranzukommen. Ein typischer Burnout-Verlauf im Lehrerberuf sieht in etwa so aus:

Die Person tritt mit Engagement, hohen Ansprüchen an die eigene Leistung und dem Vorsatz, das Beste für die Schüler zu tun, in den Beruf ein, stößt jedoch auf unerwartete Schwierigkeiten in der Realisierung dieser Vorsätze. Sie geht dagegen zunächst mit erhöhtem Einsatz der Kräfte an, doch Misserfolge und negative Rückmeldungen häufen sich. Im wachsenden Masse stellen sich Enttäuschung, Erschöpfung und Resignation ein. Die Arbeit geht immer weniger von der Hand, vieles bleibt liegen. Es entwickeln sich Aggressionen gegenüber den Schülern. Elterngesprächen wird mit Ablehnung, nicht selten auch mit Angst und Bangen begegnet. Es folgt ein Rückzug in die Einsamkeit. Die ganze und einzige Hoffnung konzentriert sich auf die Ferien. (Schaarschmidt; Kieschke 2007, 33)

Selbst gesteckte Ziele zu erreichen ist eine wichtige Bedingung für das Erfolgserleben im Beruf und unerlässlich für die psychische Gesundheit (vgl. Schaarschmidt; Kieschke 2007, 123). Wenn Ziele nur noch Scheinziele sind oder das Erreichen derselben keine Genugtuung mehr bringt, dann ist es an der Zeit, sich von ihnen zu verabschieden. Oft ist es notwendig, sich von eingeschliffenen Gewohnheiten zu verabschieden und neue Verhaltens- und Denkmuster zu erarbeiten. Das ist immer ein schwieriger Prozess. Ziele erreichen wir nur, wenn wir handeln. Handeln statt warten bildet Chancen.

BERGNER (2007: 243) vertritt die Meinung, dass gerade in diesem Zusammenhang die Grenzen der personenorientierten Intervention sehr deutlich werden. Oft scheitern die neuen Zielsetzungen und veränderten Zielplanungen an den unveränderbaren Rahmenbedingungen.

Stufe 9: Sinnannäherung

Die Frage nach einem sinnerfüllten Leben ist schwierig zu greifen und die Antwort sehr von der eigenen Persönlichkeit abhängig. Zu einem "Sinndefizit" kann es kommen, wenn sich zwischen "Sinnerwartung" und "Sinnerfüllung" eine Differenz ergibt. Um diese Kluft zu überwinden, gibt es zwei grundverschiedene Strategien. Entweder erhöht das Individuum das Angebot an Sinnerfüllung, oder es vermindert die Nachfrage (vgl. Lattmann & Ruedi 2003, 253).

Sich dem Sinn des eigenen Lebens anzunähern und als Leitlinie zu nutzen, ist der Hauptfaktor für Erfüllung und Zufriedenheit im Leben. Burnout bedeutet die immer drängendere Gewissheit, den Sinn des eigenen Lebens nicht ausreichend zu ergreifen. (Bergner 2007, 251). Die Frage nach dem Sinn des Lebens wird unumgänglich, wenn ein Mangel empfunden wird oder sich im Inneren eine immer grösser werdende Leere zeigt. Diese Leere kann nicht von aussen gefüllt werden, sondern ist davon abhängig, in welche Beziehung sich das Individuum zum Grossen und Ganzen stellt und wie es diese Empfindungen für sich bewertet. Wer sich eine plastische Vorstellung von dieser Leere machen will, dem sei das Buch von Miriam Meckel (2010) *Briefe an mein Leben* sehr empfohlen.

Um dem Sinnverlust positiv begegnen zu können, schlägt Otfried Höfe (vgl. Lattmann; Ruedi 2003, 251-256) eine Umorientierung und Sensibilisierung für den Sinngewinn vor, der in unserer multikulturellen und weltoffenen Gesellschaft überall zu finden ist. Eine zukunftsfähige Offenheit bedeutet für ihn, sich nach Enttäuschungen neuen Erfahrungen gegenüber nicht zu verschliessen. Höfe gibt auch zu bedenken, dass man lebensaltersbedingten Veränderungen offen und gelassen begegnen sollte. Kleinere Sinnkrisen sollten als Zeichen von Leben und Menschlichkeit erkannt werden, an denen man nicht verzagen sollte. Belastende Phasen fügen sich in den pulsierenden und mäandrierenden Lebenszyklus ein. Sie sind Teil menschlichen Lebens und beschreiben zugleich individuelle Lebenslinien. Mit ihnen leben und daran nicht zu zerbrechen, ist die Herausforderung, die sich jedem irgendwann stellt. Um diese Herausforderung bewältigen zu können, muss der Einzelne rechtzeitig die Fähigkeit entwickeln, den Glauben und die Hoffnung an die Zukunft nicht zu verlieren (vgl. Lattmann; Ruedi 2003, 262). Sinnorientierung und Sinnhaftigkeit im privaten wie beruflichen Leben sind wichtige Hilfen zur Prävention aber auch zur Bewältigung von biografischen Unterbrüchen.

2 Schulkindbetreuung konkret

Worum geht es?
- Bedeutung von Spiel
- Bewegung und Lernen
- Beispiele aus der Praxis für die Praxis

2.1 Pädagogische Angebote

Bei jedem pädagogischen Angebot stellt sich zunächst die Frage:

> *„Was möchte ich vermitteln, was motiviert mich zu diesem Angebot und welche Rolle spielt meine eigene Persönlichkeit in diesem Prozess?" Außerdem stellt sich die Frage, wie das Angebot zu gestalten ist, damit die angesprochenen Kinder davon profitieren können. An diesen Fragen zeigt sich, dass bei jedem gezielten Angebot sehr unterschiedliche Ebenen zu berücksichtigen sind. Unter der systemischen Sichtweise werden Lehrpersonen und die Schulklasse „als ein soziales System verstanden, in dem sich alle Mitglieder in einer gegenseitigen Abhängigkeit befinden und sich daher wechselseitig austauschen und beeinflussen"* (Lohmann 2011, S.17).

Diese systemische Betrachtungsweise liefert einen Interpretationsrahmen, der viel Spielraum für die unterschiedlichen Sichtweisen der einzelnen Akteure offen lässt und sich auf die Schulkinderbetreuung übertragen lässt. Die Fachkraft ist ein Akteur mit großer Einflussmöglichkeit auf das pädagogische Angebot in unterschiedlichen Ebenen. Die nachfolgende Tabelle zeigt die unterschiedlichen Ebenen, die auf die Planung eines pädagogischen Angebots Einfluss nehmen (vgl. Abbildung 10).

Rolle der Fachperson	Dimension	Makrostrategie(Schemata)
Person „pädagogische Fachkraft"	Beziehung	Beziehung aufbauen und fördern: Die Fachkraft wirkt und kommuniziert als Person. Sie fördert die Beziehung zu den ihr anvertrauten Kindern und fördert und unterstützt diese in ihrer Beziehung untereinander.
Manager „Dompteur"	Organisation, Disziplinmanagement	Rhythmisierung des Tagesablaufes, Festlegung von Regeln und Ritualen Den Überblick über die Gesamtgruppe behalten und diese leiten. Gleichzeitig individuelles Verhalten kontrollieren bzw. korrigieren: Die Fachkraft organisiert und strukturiert die Betreuungssituation.
Lehrender „Fachmann"	Wissensvermittlung	Ausgestaltung der gezielten Angebote Die Fachkraft agiert als Lehrender, trifft didaktisch-methodische Entscheidungen und stellt Lerngelegenheiten für die Schüler dar.

Abbildung 10   Ebenen der pädagogischen Planung
Quelle: in Anlehnung an Lohmann 2011, 31.

Rahmenbedingungen

Im ersten Schritt sind jedoch die Rahmenbedingungen zu betrachten. Schulkindbetreuung findet meistens in den Räumlichkeiten der Schule statt und im Mittelpunkt steht ein gemeinsamer Bildungs- und Erziehungsauftrag. Eine gute Zusammenarbeit und ein reger Austausch sind notwendig, wenn dieser gemeinsame Auftrag gelingen soll.

Traditionell begreift sich die Schule nicht als sozialer Ort des Aufwachsens von Kindern und Jugendlichen, sondern vornehmlich als Einrichtung zur Vermittlung von Wissen und Fertigkeiten (Coelen et al 2008, 153). Trotzdem ist die Schule ein sozialer Ort, der durch seine Gegebenheiten den Entwicklungsprozess der Kinder sehr stark beeinflusst. Darin eingebunden findet in den unterrichtsfreien Zeiten und in den Räumlichkeiten der Schule die Schulkindbetreuung statt. Sie wird dadurch ebenfalls zu einem wichtigen „sozialen Ort", an dem sich die Schülerinnen und Schüler für einen bestimmten Zeitraum aufhalten (müssen), da sie aus den unterschiedlichsten Gründen nicht nach Hause gehen. In diesen Zeiten übernimmt die Schulkindbetreuung die Rolle eines wichtigen Entwicklungsbegleiters und wird in Folge dessen zu in einem wichtigen Verbindungsglied zwischen Elternhaus und Schule. Als Familien ergänzende Einrichtung ist es zunächst das oberste pädagogische Ziel, dass sich die anwesenden Kinder sicher, wohl und angenommen fühlen (vgl. Konzeption Schulkinderbetreuung SAK 2013). Die Mitarbeiter stellen sich den Kindern als bedeutende Bezugspersonen zur Verfügung und begleiten wichtige Entwicklungs- und Lernprozessen der anwesenden Kinder.

In der Diskussion über die Bildungsbenachteiligung von Kindern und Jugendlichen mit Migrationshintergrund wird der Ganztagesschulbetrieb mit der Hoffnung verbunden, dass zusätzliche Angebote im Sinne der Förderung und Intensivierung von Unterricht entstehen. Allerdings gibt es noch keine empirische Evidenz für die leistungs- und Kompetenz steigernde Wirkung von ganztägiger Beschulung und Betreuung (vgl. Coelen et al 2008, 104). Auch wenn entsprechende Beweise über die Wirksamkeit noch fehlen, ist offensichtlich, dass während der Schulkindbetreuung sowohl informelles Lernen als auch informelle Bildung stattfinden. DAVID W. LIVINGSTONE (2006) beschreibt, dass informelles Lernen immer dann stattfindet, wenn professionelles Personal Lernsituationen gestaltet. Im Gegensatz zum formalen Lernen, ist es ein Lernen im Alltag. Die angebotenen Lernsituationen beziehen sich nicht auf einen vorgegebenen Lehrplan und sind nicht darauf ausgerichtet, bestimmte Lernziele zu erreichen, die für eine Zertifizierungen, bzw. Benotung benötigt werden (Coelen et al 2008, 130).

Es gibt unterschiedliche Möglichkeiten die unterrichtsfreie Zeit für pädagogische Angebote zu nutzen, in die sowohl Elemente aus dem Bildungs- als auch aus dem Erziehungsauftrag in verschiedenen Gewichtungen integriert werden können. Die Vorbereitung und Durchführung der Angebote sind ausschlaggebend dafür, in wie weit die angesprochenen Kinder zur Teilnahme motiviert werden können und welchen Profit sie daraus ziehen können. Zunächst müssen die unterschiedlichen Angebotsformen erkannt und unterschieden werden, damit diese im Alltag sinnvoll eingesetzt werden können.

Freispiel

Das Freispiel hat im kindlichen Alltag einen sehr hohen Stellenwert. In der Freispielzeit können die Kinder selbstbestimmt ihre Spielpartner, ihren Spielort und das Spielmaterial, wählen. Die Spieldauer kann individuell ausgeweitet werde und die Kinder haben die notwendige Zeit, um sich mit ihre Umwelt spielerisch auseinander setzten zu können. Verschiedenste Erfahrungen und Erlebnisse können auf diese Weise ausgelebt und verarbeiten werden. Automatisch übt das Kind dabei die eigenen sozialen, geistigen, motorischen und emotionalen Fähigkeiten und verfestigt sie dabei. Den Kindern steht es frei, eigene Ideen und Impulse einzubringen und sie entscheiden selber darüber, welche Beziehungen sie zu anderen Kindern aufbauen, ausbauen oder wieder verwerfen wollen. Die Regeln für die gemeinsamen Interaktion und Kommunikation sind flexibel und können im Spielverlauf verändert werden. Erfahrungen, die in diesen Prozessen gemacht werden, haben eine Wirkung auf die soziale Stellung des Einzelnen in formellen und informellen Gruppenstrukturen (vgl. Coelen 2008, 1589). Fachkräfte können die Freispielzeit als Beobachtungsinstrument nutzen, um die unterschiedlichen Entwicklungsstände der Kinder erkennen und dementsprechende Anregungen und Impulse zu geben. Die Fachkräfte sorgen für eine ruhige und entspannte Atmosphäre und achten darauf, dass die allgemeingültigen Regeln eingehalten werden. Gleichzeitig respektieren sie die Spielformen und Regeln der Kinder. Sie stellen ihnen das entsprechende Material zur Verfügung und greifen ein, wenn die Kinder die Situationen nicht mehr alleine regeln können.

Das Freispiel als Beobachtungsinstrument für Ermittlung von Entwicklungsständen beim Kind

Gezielte Angebote

In der Freispielzeit können durch die Fachpersonen gezielte Angebote aus den unterschiedlichsten Themenfeldern angeboten werden. Sie sind entweder freiwillig oder verpflichtend und haben unterschiedlichste Zielsetzungen. Die Angebote sind auf die Bedürfnisse Einzelner oder auf eine bestimmte Kindergruppe bezogen und fördern gezielt die notwendigen Entwicklungsprozesse der Kinder. Im Idealfall sind diese Aktivitäten mit dem Lehrerkollegium abgesprochen und stehen in einem direkten Zusammenhang mit dem Schulleben. Jedes gezielte Angebot hat spezifische Bildungswirkungen, die in der folgenden Tabelle exemplarisch aufgeführt werden.

Projekte

Bei Projektangeboten erhalten die Kinder die Möglichkeit, sich verschiedene Kernkompetenzen anzueignen. In einem festgelegten Zeitraum wird ein klar umrissenes Thema gemeinsam erarbeitet. Zu Beginn eines Projektes wird der Kenntnisstand der Kinder zu diesem Thema in Erfahrung gebracht. Gemeinsame Gespräche zum Thema bringen die Kinder auf einen vergleichbaren Wissensstand und bilden die gemeinsame Basis. Im Anschluss daran finden altersentsprechende Aktivitäten in Kleingruppen, Einzel- oder Paargruppen statt. Wünschenswert ist es, die Eltern in die Projektarbeit mit einzubeziehen. Von zu Hause aus können diese das Projekt interessiert mitverfolgen und mit eigenen Impulsen unterstützen, indem sie ihren Kindern z. B. Bücher, Fotos und andere Materialien zur Verfügung stellen. Am Ende jeden Projektes steht ein Auswertungsgespräch mit allen Beteiligten. Für Kinder ist ein Projekt erfolgreich verlaufen, wenn es in der gemeinsamen und aktiven Zusammenarbeit mit anderen Kindern etwas Neues gelernt hat und Spaß an dem Prozess hatte. Solche Projekte fördern die kognitiven Fähigkeiten und stärken die soziale Kompetenz aller Beteiligten.

2.2 Das Spiel

„Der Mensch spielt nur, wo er in voller Bedeutung des Wortes Mensch ist, und er ist nur da ganz Mensch, wo er spielt" (Friedrich Schiller 1795). Im Bildungs- und Selbstbildungsprozess des Kindes hat das Spiel eine herausragende Bedeutung. Es bildet einen wesentlichen Baustein in der Entwicklung zu einem mündigen, emanzipierten und selbstbestimmt handelnden Menschen. Das Spiel ist eine

> *„freiwillige, lustbetonte und spannungsreiche Handlung ohne Zweck und ohne angestrebte Folgen für die Realität, sozusagen eine Handlung um der Handlung willen."* (Pausewang; Strack-Rathke 2012,625)

Erscheint das kindliche Spiel als purer Zeitvertreib und als reines Vergnügen, so zeigt es sich bei näherer Betrachtung als „Bildungsmethode.., über die Kinder bewusst oder unbemerkt Bildungsinhalte aufnehmen und somit lernen." (Pausewang, Strack-Rathke 2012, 625). Spielen ist mit positiven Gefühlen verbunden, wird als lustvoll und wohltuend empfunden, als aktive, konzentrierte und engagierte Zeit.

Merkmale des Spiels

Zweckfreiheit des Spiels

Durch dieses Merkmal grenzt sich das Spiel vom Lernen ab, wobei dies fließende Übergänge haben kann. Das Spiel kann ein Ziel haben, z. B. der Bau einer Sandburg. Dieses Ziel kann während der Handlung vergessen werden oder sich verändern, aus der Sandburg wird z. B. ein Schwimmbecken. Das Spiel kann sich auch so entwickeln, dass sich das Kind einer komplett anderen Handlung zuwendet, z. B. schlüpft es in die Rolle eines Ritters. Das Ergebnis des Spiels hat keinerlei Folgen in der Realität. Das Kind setzt spontane Spielideen um und experimentiert und verändert phantasievoll. Ein innerer Anreiz gibt Anlass zu einem Spiel, bei dem Kinder vollkommen in eine eigene Welt eintauchen können. Absichtliche Folgen (Lernerfolge) werden beim echten Spiel nicht angestrebt, sie werden gratis dazu geliefert (siehe Bedeutung des Spiels und vgl. Oerter 1997, 5).

Realitätsumformung

Schlüpft das Kind im Rollenspiel in eine andere Rolle, so kann es sich eine eigene Welt ausdenken und erfinden. in der Regel wird auch die Spielumgebung mit einbezogen, z. B. wird aus Tisch und Decke eine Höhle für die Indianerin. Es kann sich eine Welt erschaffen in der es sich sicher und gut aufgehoben fühlt. Das Kind kann sich mit realen Erfahrungen frustrierende und verwirrende Erlebnisse, auseinandersetzen, diese verarbeiten und eigene Vorstellungen umsetzen (vgl. Oerter 1997, 9-11). Positive und negative Gefühle können ohne Angst vor Folgen in der Realität ausgelebt werden, Strafen müssen nicht in Betracht gezogen werden, z. B. erschießt die Indianerin einen sich nähernden Feind

Wiederholung und Rituale

Das Spiel besteht oft aus sich wiederholenden Handlungen, z. B. Bauklötze zu einem Turm stapeln und diesen wieder einstürzen lassen. Wiederholungen tragen zur Verfestigung von Erlerntem bei, so wird z. B. der Bauklotzturm immer höher und statisch ausgereifter. Wiederholungen erhöhen die Freude am Spiel. „Spiele können in ihrer Wiederholung die Spannung erhöhen und das Wohlgefühl bis zu einem Hochgefühl steigern, z. B. "Hoppe, Hoppe Reiter", bei dem das „Plumpsen" zum spannungsreichen Höhepunkt führt." (Pausewang; Strack-Rathke 2012, 628.)

Kinder lieben Rituale und bestehen auf die Einhaltung, ein gemeinsames Lied zu Beginn und der Keks zum Ende einer Abschlussrunde. Rituale geben durch den vorgegebenen Ablauf Sicherheit und Geborgenheit (vgl. Pausewang; Strack-Rathke 2012, 628).

Spielformen

Spielform	Beschreibung	Bedeutung
Funktionsspiel	Funktionen des eigenen Körpers und von Gegenständen werden entdeckt und erforscht, z. B. über einen Baumstamm balancieren	Das Kind lernt den eigenen Körper und die Umwelt kennen und macht sich ein Bild davon
Symbol- und Rollenspiele	Gegenstände werden umfunktioniert, z.B. der Stuhl wird zum Auto. Kinder schlüpfen in verschiedene Rollen und erleben reale oder erdachte Situationen	Fantasie entwickeln, sich in andere Menschen eindenken, andere Sichtweisen erleben, sich mit anderen absprechen und flexibel sein
Konstruktionsspiele	Es wird nach eigenen Vorstellungen etwas hergestellt oder nachgebildet. Es wird gebaut, gemalt und geformt	Technisches, logisches, zusammenhängendes Denken und Kreativität entwickelt sich, Probleme müssen bewältigt werden und Lösungen gesucht
Regelspiele	Ein Spiel unterliegt festen Regeln, es gibt häufig Gewinner und Verlierer, z. B. Brettspiele und Sportspiele	Die Einhaltung der Regeln und Absprachen wird eingeübt, und bei Bedarf Anpassung, soziales Lernen findet statt

Abbildung 11 Spielformen
Quelle: nach Pausewang; Strack-Rathke 2012.

Bedeutung des Spiels

Auseinandersetzung mit der Welt

Kinder kommen wissbegierig und neugierig auf die Welt und wollen diese kennenlernen, erforschen und erfahren. Alle Sinne (hören, riechen, schmecken, sehen, fühlen) werden eingesetzt um die eigenen Möglichkeiten und die Welt kennen zu lernen. Ausdauernd, bewegungsfreudig und risikobereit will es an Grenzen stoßen und diese erweitern, es erprobt sich. Im Spiel bestimmt das

Kind Art, Weise, Inhalt, Anfang und Ende seiner Tätigkeit selbst oder in Absprache mit Spielpartnern. Tätigkeiten werden selbstständig wiederholt und geübt, bis das Kind seine wachsenden Fähigkeiten wahrnimmt und Freude an diesen entwickelt, z. B. Fahrradfahren lernen, mit dem Hammer einen Nagel einschlagen (vgl. Sommer-Himmel 2011, 19).

Auseinandersetzung mit der Gegenwart

Im Spiel kann das Kind Erfahrungen aus dem Alltag nachvollziehen, versuchen zu verstehen und so zu verarbeiten, z.B. malt ein Kind wie es die Welt sieht und nicht wie ein Erwachsener sie versteht (Kopffüßler). Es kann sich auf seine positiven und negativen Gefühle einlassen und diese gefahrlos ausleben, ohne Angst vor negativen Folgen, z. B. wird das Kind im Zorn zum brüllenden Löwen. Gleichzeitig erfährt es Grenzen und lernt diese einzuhalten, so wird z. B. die Betreuungsperson einschreiten, falls der brüllende Löwe andere Kinder beißt. Das Kind kann im Spiel nicht nur seine Risikobereitschaft erproben, sondern auch seine Belastbarkeit (vgl. Pausewang; Strack-Rathke 2012, 633)

So kann es z. B. beim Klettern selbst entscheiden bis wohin es aufwärts geht, wie viel es riskieren möchte. Gleichzeitig erfährt es Grenzen, wenn es die mit der Betreuerin vereinbarte Linie erreicht. Im Spiel bestimmt und entscheidet das Kind selbst über das wer, wo, was und wie. Es kann Selbstbewusstsein entwickeln und den Umgang mit Misserfolg üben. Im Spiel mit Partnern entwickelt es Mitbestimmungs- und Kompromissfähigkeit.

Auseinandersetzung mit der Zukunft

Im Spiel kann sich das Kind auf die zukünftigen Anforderungen einstellen. Das Kind schult seine Anstrengungsbereitschaft, verfolgt ein Ziel und gibt nicht so schnell auf. Es trifft Entscheidungen und sucht für unterschiedliche Sachverhalte Lösungen, es übernimmt somit Verantwortung .Im Rollenspiel entwickelt das Kind Einfühlungsvermögen als Basis für späteres solidarisches Handeln und weitere soziale Kompetenzen. Kinder zeigen sich beim Spielen als originelle und lustvolle Erfinder, ihre unkonventionelle Denkweise hilft ihnen Probleme zu lösen und Antworten zu finden um unbefriedigende Situationen zu verändern (vgl. Pausewang; Strack-Rathke 2012, 634).

Kinder gehen gerne Risiken und Wagnisse ein, wollen Abenteuer erleben und sind bereit sich auf Neues einzulassen. Diese Erfahrungen stärken ihre Selbsteinschätzung, ihr Selbstwertgefühl und ihre motorische Fähigkeiten.

Spiel unterstützt die Entwicklung von sozialen Beziehungen

Im Spiel macht das Kind Erfahrungen im Umgang mit anderen Kindern. Es lernt andere Wert, Normen, Bedürfnisse und Wünsche kennen, im gegenseitigen Anerkennen dieser, kann es Wertschätzung erfahren und geben. Das Kind lernt sich auf andere einzustellen, sich in andere Ideen einzudenken, aufzugreifen und diese weiterzuentwickeln (vgl. Hobmair 2008, 253). Kooperation, Kommunikationsfähigkeit, Gleichberechtigung und Rücksichtnahme sind entscheidende Kompetenzen, die ein gelungenes Miteinander fördern. Im Gruppenspiel kann das Kind Zugehörigkeit und Anerkennung finden

Fazit:
Ein Kind braucht zum Spielen Raum, Zeit, Zeug und Partner!

Anregungen für die Praxis

- Planen sie genügend Zeit zum Spielen ein
- Gestalten sie den Spielraum innen und außen (siehe folgendes Kapitel)
- Stellen sie sich als Spielpartnerin zur Verfügung, geben sie Impulse
- Begreifen sie das Spiel als eine lustvolle, wohltuende, aktive und engagierte Zeit
- Organisieren sie Gruppenspiele / Gemeinschaftsspiele
- Vermeiden sie geschlechtstypische Zuordnungen
- Spielzeug soll Fantasie anregen, (z. B. behindern sprechende Puppen das Spielgespräch) vermeiden sie vorgefertigtes Spielzeug

- Spielzeug soll vielseitig verwendbar, ausbaufähig und lange Zeit nutzbar sein, z. B. Holzbausteine, Lego
- Begreifen sie Wasser, Sand, Steine, Hammer, Nagel, Seile, Stoffe, Eimer etc. als wertvolles Spielmaterial und stellen sie dies zur Verfügung
- Richten sie Bücherecken (Comics gehören auch dazu) ein und aktualisieren und erneuern sie diese in regelmäßigen Abständen, lesen sie vor
- Gehen sie raus in den Wald und lassen sie die Kinder auf Bäume klettern, über Bäume balancieren, im Matsch spielen, Hütten bauen, in der Erde graben
- Bieten sie Bewegungsmöglichkeiten: Karren, lange und kurze Seile, Pedalos, Roller, Einräder, Bälle, etc.

Aufgabe

Spiele mit Kampfhandlungen und Waffenbenutzung sind bei Kindern sehr beliebt. Erwachsene lehnen diese oft ab oder verbieten sie generell. Beurteilen sie diese Haltung unter Berücksichtigung der Erkenntnisse aus „Bedeutung des Spiels".

2.3 Bewegung und Lernen in der Schule

Fast alle Kinder haben ein natürliches Bewegungsbedürfnis und viele unerlässliche Entwicklungsschritte sind nur über die Bewegung möglich. Immer in Bewegung bleibend, erobern sich Kinder laufend, rennend, hüpfend ihrer Umwelt. Zunächst materialunspezifisch setzen sie sich mit den unterschiedlichsten Materialien und Werkzeugen auseinander und erarbeiten sich „learning by doing" die notwendigen fachspezifischen Kenntnisse. Unermüdlich hantieren und experimentieren sie mit den verschiedensten Geräten und Materialien und trainieren sich auf diese Weise spielerisch ihre grob- und feinmotorischen Fähigkeiten. Gleichzeitig machen Kinder in ihren „bewegten" Spielsequenzen nachhaltige Körpererfahrungen. Schaukeln und Wippen sind z.B. Bewegungsabläufe, bei denen sich die Kinder besonders intensiv spüren. Emotionale Befindlichkeiten der Kinder drücken sich ebenfalls in ihren Bewegungen aus. Gefühle, wie Freude und Ärger, Zu- oder

Abneigung zeigen sich oft bei intensiven Reaktionen, die sich in den spontanen Bewegungsabläufen ausdrücken. Mimik, Gestik und Körpersprache der Kinder spiegeln oft bereits die Bedürfnisse der Kinder, bevor sie diese verbal kommuniziert haben. Bewegungsaktivitäten eröffnen Kindern den Zugang zu anderen Menschen und finden immer in einem gesellschaftlichen und kulturellen Raum statt. Dementsprechend sind diese Aktivitäten von vielfältigen Sinn- und Bedeutungsdimensionen durchzogen. Sie spielen für die motorische, kognitive, emotionale und soziale Entwicklung der Kinder und Jugendliche eine bedeutsame Rolle. RALF LAGING stellt fest, dass Sich-bewegen nicht nur ein physiologischer Vorgang von Muskeltätigkeit ist, sondern ein dialogischer Prozess zwischen Mensch und Umwelt ist, wobei sich Mensch und Welt nicht gegenüber stehen, sondern relational mit einander verknüpft sind (vgl. Coelen 2008, 255). In Bezug auf Körpergeschick, sozialen Umgang, sensible Selbstwahrnehmung und leibliche Ausdrucksfähigkeit sollten Bewegungsaktivitäten nicht nur in spezifischer Weise fachlich thematisiert werden, da sie im Lebensalltag der Kinder eine grundlegende und übergeordnete Rolle spielen (vgl. Coelen 2008, 255).

Bewegung formt das Gehirn

Mit der Einführung von bildgebenden Verfahren hat sich unser Verständnis der Hirnfunktionen erheblich verbessert und es konnte eindeutig nachgewiesen werden, dass es einen Zusammenhang zwischen körperlicher Bewegung und Hirnaktivität gibt. Kinder lernen gründlicher und begeisterter, wenn sie Ihren Körper mit allen Sinnen einsetzen können und Gelerntes bleibt besser im Gedächtnis haften.

Im Bereich der Bewegungsneurowissenschaft werden die Prozesse und Funktionsweisen im Gehirn sichtbar gemacht und Vorgänge an der Schnittstelle: Gehirn und Körper, sowie Denken und Handeln werden dadurch besser verständlich. Das menschliche Gehirn ist ein flexibles und plastisches Organ und besitzt die Fähigkeit, sich beständig den Erfordernissen seines Gebrauches anzupassen (Spitzer 1996,148). Körperliche Aktivität ist für das Gehirn eine wichtige Stimulation, da sie zu einem regionalen Anstieg der Durchblutung in den verschiedenen Hirnregionen führt. Infolge dessen kommt es zu Neubildung und Vernetzung von Nervenzellen. Körperliche Aktivitäten beeinflussen nachweislich neurobiologische Prozesse und wirken sich auf die Struktur und Funktionsweise des Gehirns aus (vgl. Walk 2011, 28).

Durch Bewegung und Sport werden die sogenannten exekutiven Funktionen gefördert. Sie ermöglichen uns, Entscheidungen zu treffen, planvoll und zielgerichtet vorzugehen und das eigene Handeln zu reflektieren, um es gegebenenfalls zu korrigieren. Gut ausgebildete exekutive Funktionen sind die Voraussetzung für Impulskontrolle, Frustrationstoleranz und Emotionsregulation und somit Basis für ein erfolgreiches Lernen.

Schulsport

Schulsport umfasst alle sport- und bewegungsbezogenen Aktivitäten in der Schule. Dazu zählen neben dem Sportunterricht auch schulsportliche Wettkämpfe, Sportfeste, Wandertage und/oder Klassenfahrten mit sportlichen Schwerpunkten, Pausensportangebote, sowie Wettkampfangebote (z.B. Jugend trainiert für Olympia). In diesem Kontext wird Bewegungsaktivität als fachlicher Gegenstand begriffen. Im Unterricht wird die Bewegung selbst zum Gegenstand des Lernens. In den verschiedenen Bereichen werden die geforderten Bewegungsabläufe gezielt vermittelt und trainiert. Da es in diesem Zusammenhang um den Erwerb einer sportbezogenen Bewegungstechnik geht, spricht man vom motorischen Lernen. Gleichzeitig werden im Sportunterricht allgemeingültige Regeln vermittelt, die die Kooperation und Teamfähigkeit schulen und ein gemeinsames Spiel auch über den Schulalltag hinaus (Fußball, Volleyball usw.) ermöglichen.

Bewegung, Spiel und Sport in den Pausen des Schulalltages

Kinder brauchen einen kontinuierlichen Wechsel zwischen Anspannung und Entspannung, zwischen Lernen und aktiver Erholung. Bewegungsaktivitäten in den Pausenzeiten ermöglichen den Kindern leiblich- sinnliche Erfahrungsmöglichkeiten. Sie verhindern Langeweile und Leerlauf und unterstützen die Kinder in ihren Erkenntnis- und Bildungsmöglichkeiten (Coelen 2008,256).

Gleichzeitig können Kinder über Bewegungsangebote aufgestaute Aggressionen abbauen. Regelmäßig erteilter Sportunterricht alleine, kann aus dieser ganzheitlichen Sichtweise heraus nicht ausreichend sein. Im Ganztagsschulbetrieb, mit seinem erweiterten Zeitbudget, wird es immer wichtiger, dass Bewegung im gesamten Schulleben einen festen Platz in allen Lebensbereichen erhält. ROLF LAGING (2008) weist explizit darauf hin, dass Bewegungsaktivitäten ganz selbstverständlich zu den Gestaltungsmöglichkeiten von (Ganztags-)Schulen gehören. „Sich-bewegen" kann als Weltzugang zu allen formellen und nicht formellen Lern- und Handlungssituationen im Ganztagsschulbetrieb gesehen werden. Benachteiligungen und Chancenungleichheiten könnten im Vorfeld vermieden werden können, wenn bei der Gestaltung aller formellen und nicht-formellen Bewegungsangebote die Differenzen aufgrund von Geschlecht, Alter, Interesse und kultureller Herkunft beachtet werden würden (vgl. Coelen 2008, 256).

Schulhof

Der Schulhof ist ein elementarer Bestandteil der Schule. Hier verbringen die Kinder ihre Pausen, indem sie sich entweder austoben und/oder zurückziehen. Hier können sich die Jugendlichen mehr oder weniger beliebig bewegen und der Schulhof wird zum bewegungsorientierten Sozialraum mit heterogenen Bewegungskulturen. Da jüngere Kinder wenig regelgeleitet spielen, brauchen sie sowohl bewegungsorientierte Spielräume als auch Rückzugsnischen. Ältere Kinder benötigen Räume, in denen sie jugendliches Verhalten einüben können, aber gleichzeitig auch noch Kind sein dürfen. Um allen Bedürfnissen annähernd entsprechen zu können, sollten die Schulhöfe nicht nur nach baugesetzlichen und ästhetischen Grundsätzen gestaltet werden. Pädagogische und organisatorische Fragen spielen ebenfalls eine große Rolle.

Mit der Weiterentwicklung der Ganztagesschule erhöht sich die Verweildauer von Schülern und Lehrerinnen, sowie des pädagogischem Personal auf dem Schulhof. Das Konzept und die Ausgestaltung der Freianlage werden zum Herzstück und beeinflusst somit unmittelbar das soziale Verhalten und damit das Wohlbefinden aller Beteiligten maßgeblich. Wenn alle Beteiligten an einem funktionsfähigen Konzept arbeiten, können sich Schulhöfe zu attraktiven Begegnungsräumen entwickeln, in denen formelles und informelles Lernen stattfinden kann. Bewegungsfreundliche Schulhöfe erfüllen über einen längeren Zeitraum betrachtet lernfreundliche, gemeinschaftsbildende und gesundheitsfördernde Aspekte. In der folgenden Tabelle (Abbildung 12) führt ILSE KAMSKI (in Coelen 2008, 574) einige Überlegungen auf, die im Kontext der Schulhofgestaltung berücksichtigt werden sollten.

Architektonische Aspekte	Wiese	Entspannung, Garten Biotop
	Wasserstelle	Wasserspielplatz
	Laubengang	Geschützter Wechsel zwischen verschiedenen Gebäuden
	Freilichtbühne	Hügel
	Klimatische Verhältnisse	Winter- bzw. Sommernutzung
Pädagogische Aspekte	Tiere	Auslauf für Hasen Meerschweinchen, Aquarien usw.
	Kommunikation	Bänke, Sitzgruppen, Schlenderwege Freilichtschachspiel
	Bewegungsangebot	Klettergerüste, Hüpfspielfelder, Torwand, Bewegungsbaustellen, Fahrzeuge
	Umweltbezug	Schulgarten, Biotope, Werkhof
	Orientierung am Alter	Altersgerechte Angebote altersübergreifende Bereiche
Organisatorische Aspekte	Aufsicht	Lehrkräfte, pädagogische Fachkräfte Schülerinnen und Schüler, Streitschlichter
	Schulhofnutzung	Durch Schüler: klassenstufengemischt bzw. klassenstufengetrennt Durch Personen aus dem Stadtteil
	Erschießungsraum	Parkplätze, Fahrradständer, Lagermöglichkeiten für Spiel und Sportartikel

Abbildung 12   Aspekte für Schulhofgestaltung
Quelle: in Coelen 2008.

Der bewegungsfreundliche Schulhof, der Teil eines schulischen Gesamtkonzeptes ist, ermöglicht einerseits freizeitorientierte Angebote und bietet andererseits anregende Lernorte. Sorgfältig geplant und gestaltet ist der Schulhof eine räumliche Ressource, die bei der Rhythmisierung des Tagesablaufes positiv genutzt werden kann. Ein rhythmisierter Tagesablauf wird nach physiologischen, psychologischen, sozialen und pädagogischen Erkenntnissen gestaltet. Angebote, die eine hohe kognitive Intensität erfordern wechseln sich mit Phasen frei verfügbarer Zeit ab. In diesem Zusammenhang stellt der Schulhof einen elementaren Bestandteil der ganztägigen Schule dar. Hier können Bewegungsräume als Bildungsangebote gestaltet werden.

Fazit:

Es liegt auf der Hand, dass Bewegung, bzw. motorische Aktivität einen großen direkten und indirekten Einfluss auf das Lernen, das Erinnerungsvermögen, die Sprachentwicklung und die Selbststeuerung hat. Wo und wie genau und warum sich Bewegung auf das Lernen auswirkt, kann man zum jetzigen Zeitpunkt noch nicht mit Sicherheit sagen, da entsprechende Forschungsarbeiten fehlen. Sicher scheint zu sein, dass Lernen und allgemeine Intelligenzförderung durch Bewegungsangebote gezielt unterstützt werden können. Menschliche Fähigkeiten und Qualitäten können sich aber auch ohne aktive Bewegung entfalten. Bestes Beispiel dafür sind diejenigen Menschen, die trotz körperlichen Einschränkungen und Behinderungen zu überdurchschnittlichen Leistungen fähig sind.

Aufgabe

In ihrem beruflichen Alltag werden Sie immer wieder mit dem kindlichen Bewegungsdrang konfrontiert. Beschreiben Sie exemplarisch einige Situationen. Stellen sie Vermutungen an, warum sich die Kinder so verhalten und reflektieren sie ihre eigenen Reaktionen. Finden sie mögliche Alternativen für ihr Verhalten.

Situations-beschreibung	Beweggründe der Kinder	Eigene Reaktion	Mögliche Alternativen

Stellen Sie sich den Schulhof an Ihrem Arbeitsplatz vor. Fragen Sie sich, ob genügend Bewegungsfreiraum vorhanden ist und ob es Bewegungsangebote mit einem hohen Aufforderungscharakter gibt. Entwickeln Sie eine durchführbare Idee, wie Sie Ihren Schulhof durch Bewegungsangebote aufgewertet werden könnte.

Reflexionsfragen

1) Welche Bedeutung hat Bewegung im Lernprozess?
2) Welche Rolle spielen Bewegung und Sport für die Entwicklung von exekutiven Funktionen?

2.4 Planung und Umsetzung Pädagogischer Angebote

Pädagogische Angebote und Spielangebote und die zahlreichen Spielformen können als ideale Bildungsmethode genutzt werden, da die Lernprozesse „nebenbei" intrinsisch motiviert und unterhaltsam ablaufen und fächerübergreifend, mehr oder weniger unsystematisch, selbst gesteuert und kreativ gestaltet sind. Eine gute pädagogische Spielpraxis kann daher zur individuellen Förderung und zum Chancenausgleich in der schulischen Sozialisation beitragen.

Nach den Überlegungen zur Gruppensituation, der Aufgabe bzw. des Themas und den zu verfolgenden Zielen, folgt die Planung des pädagogischen Angebotes. Im Rahmen der Schulkindbetreuung ist zu beachten, dass die Kinder durch die Unterrichtseinheiten in der Schule einen Rhythmus von 45 Minuten gewohnt sind. Je nach Anforderungen an die Kinder, vor allem auch konzentriert zu arbeiten, sollte dieser Zeitrahmen nur bedingt überschritten werden. Dafür ist es hilfreich das pädagogische Angebot in Unterpunkte zu gliedern und diesen ein ungefähres Zeitfenster zuzuschreiben. Besonders bei Schwierigkeiten mit der Zeitplanung, kann es sinnvoll sein, das Angebot im Vorfeld einmal „durchzuspielen". Die Planung beinhaltet eine Gliederung der Aktion bzw. des Angebotes in Motivation und Einführung, Hauptteil sowie Abschluss und gemeinsame Reflexion. Die Motivation und Einführung dient dazu, die Kinder auf das Thema vorzubereiten, sie einzustimmen und für das Angebot zu motivieren. Im Hauptteil folgt dann der eigentliche Aktionsteil, den Abschluss bildet nach jedem Angebot zumindest eine kurzer gemeinsamer Austausch oder auch die Präsentation der Ergebnisse. Die Inhalte von Einführung und Abschluss richten sich nach der Hauptaktivität und stehen in direktem Zusammenhang zu dieser. Häufig sind mit pädagogischen Angeboten auch Aufräumarbeiten oder hauswirtschaftliche Tätigkeiten verbunden. Diese gehören in den gemeinsamen Aktionsteil der Gesamtgruppe und sollten nicht nur vom pädagogischen Personal nach Beendigung der Aktion erledigt werden, damit die Kinder einen selbstverständlichen Umgang mit Ordnung, Sauberkeit und Aufräumen erleben können. Zusätzlich beinhaltet die Planung Überlegungen im Rahmen einer Sach- und einer Methodenanalyse. Die Sachanalyse setzt sich dabei aus dem nötigen Fachwissen zum jeweiligen Thema und auch Hintergrundinformationen zusammen und wird mit dem Ziel erstellt, auf mögliche Fragen der Kinder angemessen antworten zu können und im Rahmen des Angebotes vorbereitet und themensicher zu sein. Die Methodenanalyse beschreibt die unterschiedlichen Methoden welche genutzt werden, erläutert und erklärt ihre Sinnhaftigkeit und sorgt für Vielfalt. Ebenso gehört die Auseinandersetzung mit organisatorischen Fragen und Überlegungen zur Vorbereitung eines pädagogischen Angebotes. Zu beantworten sind dabei die Fragen nach zeitlichen und räumlichen Möglichkeiten und Einschränkungen, das Vorhandensein des benötigten Materials oder die Besorgung desselben und Absprachen mit Kolleginnen und Kollegen oder auch Eltern und anderen Kooperationspartnern.

Damit pädagogische Angebote gezielt, geplant und methodisch und didaktisch sinnvoll durchgeführt werden, bietet es sich an, folgendem Muster zu folgen und die dazugehörigen Fragen zu beantworten.

Thema/Aufgabe	Welches Thema wird bearbeitet? Gibt es eine Aufgabenstellung und wenn ja, wie ist diese zu beschreiben?
aktuelle Situation	Welche Themen sind gerade in der Kindergruppe aktuell? Gibt es Schwierigkeiten oder Besonderheiten?
Gruppe	Welches Alter haben die teilnehmenden Kinder? Wie viele Kinder können an dem Angebot teilnehmen? Gibt es Freundschafts- oder Interessengruppen, die zu beachten sind? Welche Fähigkeiten und Fertigkeiten setze ich bei den Kindern voraus?
Ziele	Welche Ziele werden mit dem Angebot verfolgt? Was sind die jeweiligen Grob-, Richt- und Feinziele?
Sachanalyse	Welches (Hintergrund-)Wissen und welche Kenntnisse muss ich als Durchführende haben, um mögliche Fragen der Kinder beantworten zu können?
Methodenanalyse	Welche Methoden sind geeignet, um die formulierten Ziele zu erreichen?
Organisation	Zeit (Wie viel Zeit benötige ich für die Durchführung?) Raum/Ort (Welcher Raum/Ort steht mir zur Verfügung? Welche Möglichkeiten und Schwierigkeiten birgt dieser?) Material (Welche Materialen benötige ich? Welche sind bereits vorhanden und welche muss ich noch besorgen?) Absprachen (Was muss das Team zu diesem Angebot wissen? Welche anderen Personen sollte ich noch informieren?)
Verlaufsplanung	Wie stimme ich die Kinder auf das Angebot ein und motiviere sie? Was ist die Hauptaktivität? Wie kann ein gemeinsamer Abschluss aussehen und wodurch können die Kinder abschließend ihre Meinung zu dem Angebot äußern?
Reflexion	Waren die notwendigen organisatorischen Fragen geklärt um das Angebot reibungslos durchzuführen? Konnte ich die Ziele erreichen und Inhalte vermitteln? Welche Methoden haben ihre Wirkung erzielt und wie wurden diese von den Kindern angenommen? Wie konnte ich den pädagogischen Bezug zu den Kindern gestalten? Was bereitete mir Schwierigkeiten? Was würde ich beibehalten? Was ist mein persönliches Entwicklungsziel?

Abbildung 13 Vorbereitung eines pädagogischen Angebotes.
Quelle: eigene Darstellung.

Material

Um die unterschiedlichen pädagogischen Angebote durchführen zu können und auch um diese interessant gestalten zu können, werden verschiedene Materialien benötigt. Damit der Konsum- und Materialüberflutung entgegengewirkt werden kann und um die Kreativität der Schulkinder zu fördern ist darauf zu achten, dass es trotz der angestrebten Materialvielfalt nicht zu einer Materialüberflutung kommt. Vielmehr ist auf eine sinnvolle Balance zu achten, zwischen Materialvielfalt und Materialknappheit. Auch mit Alltagsgegenständen können sinn- und inhaltsvolle Bildungs- und Erziehungsangebote durchgeführt werden. Ebenso sei hier generell auf die vielfältigen Möglichkeiten hingewiesen, welche sich durch „spielzeugfreie Tage" ergeben und die das kreative Spiel- und Lernverhalten der Kinder positiv beeinflussen, Kommunikationsprozesse anregen, unterstützen und dadurch fördern, sowie das Selbstbewusstsein stärken. Material, das für die Kinder frei zugänglich ist, ist generell so aufzubewahren, dass es auf Augenhöhe der Kinder zu finden und direkt erreichbar ist. Sinnvoller Weise bietet sich ein regelmäßiger Wechsel der Materialien an, so dass zum Beispiel nicht alle Spiele jederzeit zu nutzen sind, sondern diese einmal monatlich ausgetauscht werden.

Raum

Neben den zur Verfügung stehenden Materialien sind auch die räumlichen Möglichkeiten von Bedeutung. Dabei bezieht sich der Begriff „Raum" nicht nur auf den einzelnen Gruppenraum oder das einzelne Zimmer. Vielmehr sind als Räume alle Orte zu verstehen, welche genutzt werden. Zum Beispiel kann auch ein nahegelegener Wald als Sozialraum verstanden werden, oder auch das Außengelände und Schulhöfe. Dementsprechend bieten Räume vielfältige Möglichkeiten. Die gesellschaftlichen Veränderungen nehmen Kindern immer mehr Möglichkeiten und Freiräume, sich zu entfalten, zu spielen und sich auszuleben (vgl. Standop 2008, 530). Diese Räume sollen und müssen zurückerobert werden, wobei Kinder die Unterstützung von Erwachsenen benötigen.

Den Innenräumen werden nach der Reggio-Pädagogik die Aufgaben und Möglichkeiten eines dritten Erziehers zugeschrieben. Dies macht die Bedeutung und den Einfluss, den Räume auch auf Bildungs- und Erziehungsprozesse haben, deutlich. Entsprechend gestaltete Innenräume weisen deshalb die folgenden Merkmale auf:

- Struktur: durch klare Orientierungsmöglichkeiten im Raum und die dazugehörige Ordnung wird den Kindern ein Gefühl von Sicherheit vermittelt. Unterschiedliche Funktionsbereiche bieten den Kindern vielfältige Möglichkeiten (z.B. Bauecke, Lese- oder Ruhezone, Spielecke, Basteltische usw.)
- Ästhetik: das ästhetische Empfinden der Kinder wird durch eine angenehme Farbwahl und sinnvolle Lichtquellen gefördert. Trotz der Anregungen die der Raum den Kindern bietet, ist er übersichtlich gestaltet.

Beispiel

Planung eines Angebotes am Beispiel der Literacy-Erziehung „Wir gestalten unsere eigene Bücherei"

Thema/Aufgabe
Momentan wird das offene Angebot „Bücherwurm" durchgeführt. Dieses Angebot beschäftigt sich im weitesten Sinne mit allem, was mit Büchern zu tun hat und ist als Durchführung der Literacy-Erziehung zu sehen. Bisher wurde ein Vorlesenachmittag durchgeführt, Lesezeichen gebastelt, Lieblingsbücher vorgestellt, Geschichten selber erfunden und aufgeschrieben, sowie Themennachmittage zu Comics, Hörbüchern und Märchen durchgeführt und ein Besuch in die Bücherei wurde unternommen.

Aktuelle Situation
Die flexible Nachmittagsbetreuung bietet neben den Möglichkeiten des Mittagessens und der Hausaufgabenbetreuung auch ein Freizeit- und Spielangebot. Dieses Angebot beinhaltet so genannte AGs, für welche die Kinder sich anmelden müssen und die dementsprechend konstante Gruppen bilden und offene Angebote, zu denen die Kinder spontan dazu kommen können. Außerdem be-

steht für die Kinder zusätzlich die Möglichkeit, sich im Spielzimmer oder auf dem Außengelände zu beschäftigen und zu spielen. Da die meisten Kinder jedoch in einer der AGs oder dem offenen Angebot mitwirken, sind meist nur wenige Kinder im Freispiel.

Momentan laufen bis zu den Osterferien noch folgende offene Angebote: Kochen, Überraschungstag, vier Elemente, Bücherwurm, sowie zusätzlich donnerstags noch ein Bewegungsangebot. Vor einer Woche fand ein Besuch der Stadtbibliothek statt, auf welchen mit diesem Angebot eingegangen wird. Den Kindern wird die Möglichkeit geboten eine eigene Bücherei einzurichten, bzw. die Bücher nach Fachgebieten zu sortieren (Comics, Bilderbücher, Märchen usw.), zu kennzeichnen und entsprechend einzuräumen. Außerdem wird den Kindern vorgeschlagen einen speziellen Platz für besondere Bücher („Bücher der Woche") einzurichten.

Gruppe
Da besonders Erstklässler stark vertreten sind, bedeutet das, dass das Angebot in einer Form geplant und durchgeführt werden wird, die es auch diesen Kindern ermöglicht, sich trotz einer geringeren Lesekompetenz einbringen zu können. Es handelt sich um ein offenes Angebot, entsprechend ist die Gruppe wechselweise mal größer mal kleiner.

Ziele
Das Richtziel dieses Angebotes ist es, das Interesse der Kinder für das Lesen und Bücher zu wecken. Darüber hinaus gilt es die Freude an Büchern und am Lesen, an Geschichten erfinden zu entwickeln und zu fördern. Für das an diesem Tag stattfindende Angebot gelten folgende Feinziele:

- Die Kinder erleben sich als gleichberechtigte Mitglieder einer Gruppe.
- Die Kinder lernen verschiedene Kategorien im Bereich der Literatur kennen und können Bücher diesen zuordnen.
- Die Kinder werden in ihren kreativen Gedanken gefördert und unterstützt.

Sachanalyse

Der Begriff Literacy umfasst sowohl die Lese- und Schreibkompetenz, als auch Textverständnis, Sinnverstehen, Lesefreude, Vertrautheit mit Sprache, Schrift und Medien. Durch Theaterstücke, Rollenspiele, Erzählen und Vorlesen, Umgang mit Schrift und Schreiben sammeln Kinder schon im Kindergarten die ersten Erfahrungen in diesem Bereich. Durch den Ausbau der Schreib- und Lesekompetenz wird dies in der Schule weiter unterstützt. Verschiedene Faktoren haben einen Einfluss auf diesen Bereich der Erziehung: die zur Verfügung stehenden Materialien (CDs, Bücher, Kostüme, Handpuppen usw.) und deren Erreichbarkeit, die Gestaltung des Raumes (Rollenspielbereich, Schreibwerkstatt, Lesebereich), die direkten Bezugspersonen (Eltern, Geschwister, Freunde, pädagogische Fachkräfte usw.) und deren Handeln (Vorbild sein, Atmosphäre anregen, Sprachanlässe schaffen usw.). Entstehungsgeschichte des Buches (Papyrusrollen, Pergament, Papier)

- Buchdruck durch Gutenberg (ca. 1450)
- Unterscheidungen (fiktionale und nicht fiktionale Bücher, sowie Einzelexemplare und Bilderbuch, Kinderbuch, Mädchenbuch, Jugendbuch, Abenteuerbuch, Sachbuch)
- Herstellungsarten verschieden (Hardcover, Taschenbuch, Paperback)
- Bibliotheken (seit dem Altertum, im Mittelalter vor allem in Klöstern, in der Neuzeit öffentlich zugänglich)

Methodenanalyse

Das Gruppengespräch im Sitzkreis und die Dokumentation der Vorschläge der Kinder, führen dazu dass jedes Kind zu Wort kommen kann und Ideen und Vorschläge gleichberechtigt behandelt werden. Die Kinder werden ernst genommen. Gemeinsam entwickeln die Kinder in einem Brainstorming Kategorien für die vorhandenen Bücher und können diese durch die Sortierung der Bücher nutzen. Um die Kinder in die neue Bücherei miteinzubeziehen wird das Angebot so gestaltet, dass die Kinder möglichst viel Raum zur Beteiligung haben und die Fachkraft als Unterstützung des Prozesses mitwirkt. Die Sozialform des Sitzkreises und die aktive Mitgestaltung der Kinder fördern das Selbstbewusstsein und die Selbstwirksamkeitsempfindung.

Organisation

Das offene Angebot findet an diesem Tag im Spielzimmer statt, da sich in diesem Raum auch die Bücherregale befinden und diese auch nach der Umgestaltung weiter dort stehen bleiben werden. Der Raum wird so belassen, wie er den Kindern immer zur Verfügung steht um gemeinsam zu überlegen, was verändert werden kann. Für Bastel-, Schreib- und Malarbeiten stehen zwei Tische zur Verfügung, auf denen auch unterschiedliche Materialien, die gebraucht werden könnten, gerichtet werden.

Da dieses Angebot sehr offen gestaltet werden soll und diese Bücherei auch schon in den Ansätzen von den Kindern mitgestaltet werden soll, ist es notwendig sich im Vorfeld Gedanken zu machen, welche Umsetzungsmöglichkeiten es gibt, falls die Kinder nur wenige Vorschläge haben. Diese werden nur dann eingebracht, wenn es anders nicht möglich ist. Dafür ist es notwendig, sich noch einmal einen genauen Überblick über die vorhandenen Bücher zu verschaffen und ein Konzept zu entwickeln, wie dieses Bücherei möglicher Weise aussehen könnte. Die Idee ist es, die Bücher nach verschiedenen Kategorien zu sortieren. Jedes Buch einer Kategorie wird mit einem Symbol gekennzeichnet und für jede Kategorie wird ein Fach eingerichtet, welches den Namen und das Symbol der Kategorie trägt. Außerdem sollen an einem bestimmten Platz jeweils für eine Woche drei Bücher als „Bücher der Woche" vorgestellt werden. Die jeweiligen „Bücher der Woche" werden immer am Schluss des offenen Angebotes gemeinsam bestimmt und bleiben dann bis zum nächsten Treffen stehen.

Zusätzlich muss dem Team eine Woche vorher mitgeteilt werden, dass an diesem Tag das offene Angebot im Spielzimmer stattfindet und die nötigen Materialen gerichtet und vorbereitet werden. Die benötigten Materialien sind: Scheren, Bleistifte, Buntstifte, Filzstifte, mindestens zwei große Plakate, verschiedenfarbiges Papier, Kleber, Tesafilm, Symbole, Buch „Oma, schreit der Frieder".

Da das offene Angebot donnerstags von 15.30 Uhr bis 16.30 Uhr stattfindet, ist das der Zeitrahmen innerhalb das vorgestellte Angebote umgesetzt werden kann.

Verlaufsplanung:

	Inhalt	Methode/ Sozialform
1.	Begrüßung der Kinder	Gespräch im Sitzkreis
2.	Gespräch über das Angebot der letzten Woche, mit einem Bericht eines Kindes, welches dabei war.	Gespräch im Sitzkreis
3.	Erklärung des heutigen Angebotes: Bücher im Spielzimmer in eine Bücherei umwandeln, Hinweis, dass Ideen und Vorschläge der Kinder gefragt sind	Gespräch im Sitzkreis
4.	IST- Zustand darstellen anhand der momentanen Bücherwägen	Vorführung im Sitzkreis
5.	Ideensammlung auf Plakaten Wünsche der Kinder können geäußert werden	Gruppenarbeiten und Brainstorming an den Arbeitstischen
6.	Die Ideen werden diskutiert und ausgehandelt, wie eine Umsetzung aussehen kann	Sitzkreis, moderierte Diskussion in der Kindergruppe
7.	Möglicher Weise Einteilung von Arbeitsgruppen und Aufgabenverteilung	Sitzkreis, moderierte Diskussion in der Kindergruppe
8.	Arbeitsphase je nach Vorschlägen der Kinder, Unterstützung wo nötig durch die Fachkraft	Selbstständige Gruppenarbeit der Kinder
9.	Hinweis auf gemeinsames Aufräumen und gemeinsamen Abschluss	für jede Arbeitsgruppe
10.	Rechtzeitiges Aufräumen	Alle räumen gemeinsam auf
11.	Betrachtung und Würdigung der einzelnen Arbeiten der unterschiedlichen Gruppen	Ergebnisse werden in der Gesamtgruppe betrachtet und gewürdigt
12.	Vorlesen einer Geschichte aus „Oma – schreit der Frieder"	Vorlesen im Sitzkreis
13.	Bücherwurm mit lächelndem und traurigem Gesicht herumreichen. Das Kind zeigt an, wie es ihm gefallen hat. Die Möglichkeit verbal die eigene Meinung zu äußern.	Reflexion mit Unterstützung des Bücherwurmes im Sitzkreis
14.	Verabschiedung, Bedanken für die Teilnahme und Hinweis auf den Inhalt des nächsten „Bücherwurmes"	Sitzkreis

Abbildung 14   Planungsschritte Angebote
Quelle: eigen.

Aufgabe

Beobachten sie in der Freispielzeit eine ihrer Kindergruppen. Welche Rollen legen die Kinder untereinander fest und welche Regeln werden für diese Rolle aufgestellt? Wie oft variieren die festgesetzten Regeln im Verlauf einer Spielsequenz? Wie werden Rollen von den anderen Kindern wahrgenommen, akzeptiert oder in Frage gestellt?

Ihre Beobachtungsergebnisse sind wichtige Erkenntnisse zur Gestaltung und Planung von pädagogischen Angeboten. Wie die Gruppe „läuft", welche Rollen aktiviert werden

Ordnen sie die folgenden Angebote den Bereichen Bildung oder Erziehung zu:

Angebot	Bildung	Erziehung
Forscherwerkstatt		
„Gemeinsam sind wir stark"		
„Der Natur auf der Spur"		
„girls only" Mädchengruppe		

Planen sie ein pädagogisches Angebot für den Bereich Bildung und ein pädagogisches Angebot für den Bereich Erziehung mit der Formulierung der jeweiligen Ziele und anhand des abgebildeten Rasters.

Reflexionsfragen

1) Welche „neuen" Regeln die im Freispiel der Kinder entstehen können sie zulassen, welche Regeln lösen bei Ihnen innere Widerstände aus und wie gehen sie damit um?
2) Überlegen sie, welche Formen der Motivation sie persönlich benötigen um unliebsame Tätigkeiten zu verrichten? Welche Formen würden sich ihrer Meinung nach für die Arbeit mit Schulkindern anbieten?

3) Überlegen sie, welche Angebotsformen ihnen besonders liegen und welche ihnen Schwierigkeiten bereiten. Kennen sie die Gründe dafür? Welche Unterstützungen könnten ihnen behilflich sein?

3 Managing Diversity in der Schule

Worum geht es?

- Ganztägige Bildung
- Rechtliche Rahmenbedingungen
- Kooperationen mit Schule und Jugendhilfe

3.1 Organisation des Umgangs mit allen und jedem

Wie schon in Band 1 ausgeführt, lässt sich das, was den Menschen in christlicher Perspektive auszumachen vermag in seinem Facettenreichtum in der Schule widerfinden. Und da es nicht möglich ist nach christlichem Verständnis von dem einen Bild des Schülers auszugehen, muss sich pädagogisches Handeln in der Schule an den zentralen Leitbegriffen zum einem christlichen Verständnis von Mensch orientieren.

Ein erfolgreicher Umgang mit dieser Vielfalt an individuellen Ausprägungen des Menschenseins und zeigt sich u.a. am wertschätzenden Umgang miteinander und reicht bis hin zu didaktischen Konstruktionen, die auf Stärkung der dialogischen Subjektivität des Schülers, der Schülerin und der Lehrkraft zielen.

Einem so gestalteten Unterricht ist dann jener Ort, an dem sich Bildung als ein über die schulische Allgemeinbildung hinausreichender Anspruch signifikant entfalten lässt und über das von Wolfgang Klafki vertretene Verständnis einer Allgemeinbildung hinaus reicht, indem es über einen Gegenwartsbezug hinaus Bildung als einen Prozess versteht, der Bildung in einem ethischen und religiösen Horizont durch Schlüsselthemen zu fassen sucht und Schülern Lebenskompetenz vermittelt (vgl. Klafki 1993, S. 54). Unterricht und schulergänzende Angebote werden dadurch zugleich orientierendes Element eines gelingenden Umgangs mit Vielfalt und Diversität.

Als Konsequenz daraus, ist es notwendig für den Unterricht und die schulergänzenden Angebote eine Didaktik zu begründen, Bildungsgänge entlang gesellschaftlicher Vielfalt in heterogenen Lernverbänden zu organisieren. Ein solches Handlungsverständnis ist pädagogisch-ethisch begründet, weil es insbesondere darauf zielt, Schüler darin zu befähigen, sich in heterogenen sozialen Systemen zurechtzufinden und Verantwortung gegenüber den gesellschaftlich-demokratischen Herausforderungen mit zu übernehmen.

Bildungshandeln braucht die Bezugnahme auf Religion

Bildungshandeln so artikuliert, vollzieht sich dann stets in Interdependenz zur Religion, weil nach christlichem Verständnis Bildung ohne die Bezugnahme auf Religion dem Menschen dessen Subjektivität vorenthalten würde. Religion ist über diese Wechselbeziehung hinaus als flankierendes Element zu verstehen mit dem Ziel, unterrichtliche Bildungsprozesse auf die Subjektwerdung des Einzelnen hin auszurichten. Umso mehr ist in diesem Kontext die religiöse Bildung zu stärken und dem Trend der Marginalisierung ist ein Wideranker zu setzen, der an dieser Stelle seine Begründung in der gelingenden Gestaltung des Umgangs mit Vielfalt begründet ist. Vielfalt umschreibt dabei gesellschaftliche Realitäten und soziale Allgegenwartserfahrungen.

Das wiederum bedingt nach eigenem Verständnis, dass eine Homogenisierung von Lern- und Leistungsniveaus im Unterricht ausgeschlossen ist. Selbstbestimmung, sozial verantwortliches Handeln, Hineinwachsen in die Schlüsselthemen und sozialgerechtes und chancengerechtes Mitgestalten einer von Heterogenität und Pluralität geprägten Gesellschaft oder die Teilhabe in einer solchen Gesellschaft blieben dem Einzelnen bereits in der Schule vorenthalten. In der Folge wäre eine Bildungs- und Lebensbiografie in die eine oder in die andere Richtung bereits durch Systemvorgaben vorgezeichnet und widerspräche allen Grundsätzen einer gleichberechtigten Teilhabekultur und dem christlichen Grundverständnis von Freiheit.

Die Herausforderung für die Schule ist darin zu sehen, konzeptionelle Antworten für die tägliche Unterrichtspraxis anzubieten, die geeignet sind, die Vielfalt an Begabungsgraden und ihre individuellen sichtbaren Ausprägungen zu erkennen und zu fördern. Ein gelingendes Diversity Management garantiert Gleichstellung, Gleichbehandlung, gewährleistet eine Nachbildung demografischer, ethnischer, kultureller und sozialer Gesellschaftsstrukturen in der Schule und stärkt Arbeitsgestaltung, Arbeitsplanung oder Wertschätzung und eine Kultur der Anerkennung über die positive Bewertung von Diversität. Diversity Management in besonderer Weise betont den Wert der Einzigartigkeit des Menschen, insofern, als sie eine Absage an eine exklusive Förderung religiös-kultureller homogener Lerngruppen unterstreicht, die so die Vermutung, auf Konfundierungen von Traditionen und Unkenntnis gründet.

Letztlich wird mit der Übernahme dieser Herausforderung die Verantwortung für die Mitgestaltung des schulischen Bildungs- und Erziehungsprozesses übernommen und ist zugleich Ausdruck eines pädagogisch-professionellen Ethos. Dieses Ethos muss wiederum Auswirkungen haben auf das Modell von Schule. Eine so geprägte Unterrichtsdidaktik, ist Ausdruck eines Unterrichtsverständnisses, das „Bildung für Alle" ermöglicht und die Umsetzung einer potenzialorientierten Pädagogik in der Schule und im Unterricht ermöglichen muss. Entsprechend ließe sich über ein modifiziertes Schulmodell eine potenzialorientierte Pädagogik als struktural-organisationale Antwort auf Diversität und Heterogenität in der Schule diskutieren (vgl. Abbildung 15). Mit Diversität ist nicht eine Beschränkung auf Unterschiedlichkeit gemeint, sondern das ausdrückliche Anerkennen von Talenten, Erfahrungen und Kreativität über vermeintliche Grenzen von Kulturen, Religionen, Nationalitäten, Hautfarben, ethnischen und gesellschaftlichen Gruppen, Geschlechtern und Altersgruppen hinweg. Heterogenität erfasst jene Unterschiedlichkeit innerhalb von Lerngruppen, die als lernrelevant einzuschätzen sind, die durch Alter, Geschlecht oder kulturelle Hintergründe in einer Lerngruppe wirken. Sobald die Schule als System bereit ist, sich dazu zu bekennen, erwüchse daraus ein Zugewinn für die Schule, ihre Protagonisten und deren Anspruchsgruppen, indem die Schule

potenzialorientierte Pädagogik als struktural-organisationale Antwort auf Diversität und Heterogenität

- die Stärken der Schüler systematisch erfassen und das Begabungspotenzial gezielt fördern könnte
- Schülerleistungen über alle Fächer hinweg verbessert werden könnten
- die Professionalität der Lehrenden erweitert werden würde
- eine Lerngemeinschaft wachsen könnte, in der Diversität und gegenseitige Wertschätzung mit demokratischen Prinzipien und unter Wahrung natürlicher Ressourcen gelebt werden würde;
- sich eine Schulkultur entfalten könnte, die auf Partizipation baut und gleichzeitig Entscheidungskompetenz dezentralisieren könnte.

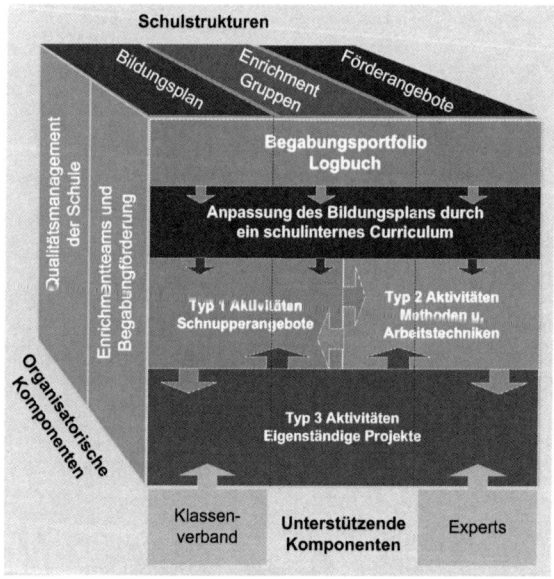

Abbildung 15   Schulmodell potenzialorientierte Pädagogik
Quelle: Rausch 2013.

Ein solches Modell greift wesentliche Überlegungen einer subjektivistisch-konstruktivistischen Lernkultur auf (vgl. Dubs 1997, S. 31-32), die nicht mehr das Unterrichtsverhalten der Lehrkräfte, sondern das Lernverhalten der Lernenden in den Mittelpunkt des Unterrichtsgeschehens stellt. Wenngleich ein grundsätzliches

Einvernehmen darüber vorweggenommen werden kann, dass eine Schülerorientierung wesentliches Merkmal gelingenden Umgangs mit Diversität und Heterogenität im Unterricht ist, kann für die Förderung von Begabungen nicht per se eine subjektivistisch-konstruktivistische Unterrichtsdidaktik favorisiert werden.

3.2 Managing Diversity als Lehrerkompetenz

Im potenzialorientierten Schulmodell, das in besonderer Weise Perspektiven für einen gelingenden Umgang mit Diversität aufzeigt, lässt sich das Diversity Managing als Lehrerkompetenz anschaulich darstellen. Dazu ist es hilfreich eine Konkretisierung des dreistufigen Enrichment vorzunehmen. Auf den Lernstoff bezogen, leistet das dreistufige Enrichment als Unterstützungsangebot, neben einem Begabungsportfolio und der Anpassung des Curriculums einen zentralen Beitrag für ein gelingendes Diversity Management an der Schule. Das dreistufige Enrichment basiert auf den Ideen u.a. von John Dewey, Jean Piaget, Maria Montessori oder auch Albert Bandura (vgl. Renzulli, Reis & Stedtnitz 2001, 39) und lässt sich über folgende Prinzipien konkretisieren (vgl. Renzulli, Reis & Stedtnitz 2001, 39-40):

Potenzialorientierung als Form des gelingenden Umgangs mit Diversität

- Jeder Lernende ist einzigartig, deshalb müssen Lehren und Lernen mit Rücksicht auf die Fähigkeiten, Interessen und den Lernstil des Individuums geplant werden.
- Lernen ist nachhaltiger, wenn es Freude macht. Deshalb sollte bei der Planung und Evaluation verschiedener Lernerfahrungen die Lernfreude gleich stark wie andere Gesichtspunkte gewichtet werden.
- Lernen ist sinnvoller und persönlich bedeutungsvoller, wenn Lerninhalte (Wissen) und Lernprozesse (Denkfertigkeiten, Untersuchungsmethoden) innerhalb eines realen und aktuellen Kontextes, einer echten Problemstellung, erworben werden können. Deshalb sollte Schülern die Gelegenheit gegeben werden, persönlich bedeutsame Problemstellungen auszuwählen und entsprechend reale Problemlösetechniken anzuwenden.

- Enrichment-Lernen kann ein gewisses Ausmaß formeller Instruktion beinhalten. Ein Hauptziel dieses Lernens liegt jedoch darin, formell erworbenes Wissen und Fertigkeiten auf persönlich relevante Inhalte anzuwenden.

Das dreistufige Enrichment (vgl. Abbildung 16) leistet dabei im Vergleich zu nicht abgestimmten Maßnahmen der Binnendifferenzierung im Unterricht viererlei:

1. Es greift verschiedene Methoden der unterrichtlichen Begabungsförderung auf: z.B. Arbeit mit Lehrplänen und Freie Arbeit (vgl. Achermann 1992), projektorientiertes Lernen (vgl. Bastian et al. 1997) oder Wochenplanunterricht (vgl. Strote 1985).
2. Es erlaubt eine systematische, zielorientierte innere und äußere Differenzierung.
3. Es gewährleistet eine Durchlässigkeit entlang unterschiedlicher Begabungen in verschiedenen Lernfeldern und eröffnet damit jedem Schüler die Teilnahme am schulischen Enrichment.
4. Es gewährt eine Übertragbarkeit von Aktivitäten, Maßnahmen und Lernarrangements im Sinne einer ökonomischen Unterrichtsplanung auf andere Netzwerk-Schulen und fördert die Zusammenarbeit von Schulteams über die eigene Schule hinaus.

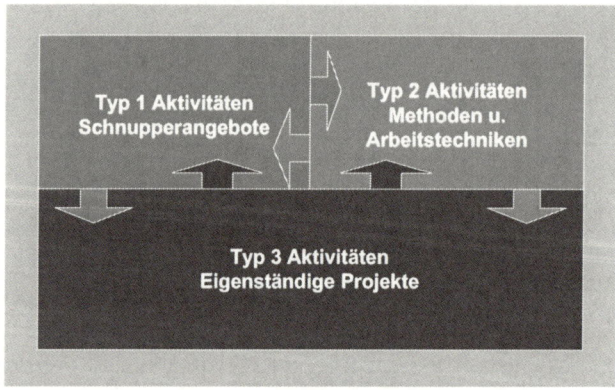

Abbildung 16   3-stufiges Enrichment
Quelle: in Anlehnung an Renzulli 2001.

Von Stufe I (Stufe des Kennenlernens) über Stufe II (Aneignung von Fähigkeiten) bis Stufe III (Anwendung und Erkenntnisgewinnung) leistet das Modell einen hohen Grad an Individualisierung entlang unterschiedlicher Lernausgangslagen der Schüler. Insgesamt entfaltet sich in diesem Modell ein hohes Maß an eigenständigem Lernen, das zur Folge hat, dass Wissen vernetzt wird und Anwendung findet und im Falle der Präsentation auch reflektiert und analysiert wird. Die Ergebnisse dieses Metalernens lassen sich dann als Eintrag in einem Lerntagebuch oder Logbuch sichern. In der Summe lässt sich in diesem Modell eine Subjektbezogenheit abbilden, wie sie der Berufspädagogik und dem beruflichen Religionsunterricht zuschreibbar ist. Neben dieser Dimension des Unterrichtens baut Diversity Management auf eine Diversity-Kompetenz seitens der Lehrkräfte. Insbesondere an Schulen mit durchgängig hohem Anteil an Schülern mit Migrationshintergrund stehen die religiöse und kulturelle Vielfalt der Schüler in unmittelbarem Bezug zu den Unterrichtsinhalten. Daraus leitet sich eine latente Präsenz eines dialogischen Diskurses zu Interkulturalität und Interreligiosität im Unterricht ab. Es sind die Kerninhalte wie sie insbesondere der Religionsunterricht thematisiert, für Sinnfragen und existenzielle Lebensfragen zu sensibilisieren, christliche Traditionen kennen zu lernen, aber auch interkulturelle und interreligiöse Kompetenzen zu erwerben, die über eine strukturale bzw. organisationale Dimension der differenziellen Unterrichtsgestaltung hinaus eine Managing Diversity-Kompetenz der Lehrkräfte einfordern. Denn im Unterricht sind Problembearbeitungs- und Lösungsstrategien gefragt. Nach diesem Verständnis ist das dreistufige Enrichmentmodell um die personale Dimension als Querschnittskompetenz der Lehrkraft in das Enrichmentmodell einzubinden.

Managing Diversity setzt dabei auf die soziale Integration und will Handlungskompetenzen um die Dimension „Umgang mit Vielfalt" erweitern. Letztlich geht es darum, dass bereits in der Schule soziale Integration gelebt wird und soziale Inklusion als das Wahrgenommen-Sein und Angenommen-Werden ermöglicht wird.

3.2 Integration und Inklusion – ein Diskurs

Die Thematik Heterogenität und Vielfalt in Grundschulen ist seit PISA immer wieder Thema in dem Medien und der Fachliteratur. Zentrale Fragestellung der Diskussion ist, wie man alle Kinder - mit unterschiedlichen Voraussetzungen und Kompetenzen – erreichen und fördern kann. Studien wie PISA (vgl. Hansel 2003, 212) oder IGLU (vgl. Bos 2004, 213) haben gezeigt, das in Deutschland ein starker Zusammenhang zwischen der sozialen Herkunft und dem Bildungserfolg besteht. Die Bildungschancen sind deutlich schlechter, wenn ein Kind einen Migrationshintergrund hat oder aus einer sozial und ökonomisch benachteiligten Familie stammt.

Um die Bildungschancen aller Kinder zu verbessern, hat die Bundesregierung gefordert mehr Ganztagsschulen zu schaffen. Hierdurch soll das unterrichtliche und außerunterrichtliche Lernen verbessert und somit die Abhängigkeit des Bildungserfolgs von der sozialen Herkunft zu verringern werden.

In den außerunterrichtlichen Bereichen der Ganztagsschule spielt das Thema der Heterogenität und Vielfalt eine noch wichtigere Rolle. In den unterrichtsfreien Zeiten sind die Kinder nicht altershomogen wie in den Klassen aufgeteilt, sondern in Gruppen in denen Kindern z.B. der Grundschule von der 1. bis zur 4. Klasse sind. Dies spielt insofern eine Rolle, als bei Kindern im Grund schulalter zwei bis drei Jahre Altersunterschied einen großen entwicklungspsychologischen Unterschied machen. Hinzu kommt, dass es oftmals keine konstanten Gruppen gibt, sondern die Kinder sich immer wieder in neuen Gruppenkonstellationen neu zusammenfinden müssen. Auch der Aspekt der kulturellen Herkunft spielt ein Thema in den Ganztagsschulbetrieb. Dies gilt insbesondere für Ganztagsschulen, die in Gebieten mit einem hohen Migrationsanteil sind. Somit müssen in der Schulkindbetreuung Themen wie die Muttersprachen der Kinder, religiöse Feste oder kultur- bzw. religionsspezifische Essgewohnheiten beachtet werden. Im folgenden Abschnitt werden zwei pädagogische Ansätze vorgestellt, die relevant für die Praxis der Schulkindbetreuung unter Berücksichtigung der heterogenen Gruppen sind.

Umgang mit Vielfalt in Gruppen

Wie oben beschrieben, ist besteht eine Herausforderung der Schulkindbetreuung darin, heterogene Gruppen gemeinsam zu betreuen, Angebote durchzuführen und für das Wohlbefinden aller Sorge zu tragen. Der Ansatz der Pädagogik der Vielfalt nach ANNEDORE PRENGEL bietet sich für diese Herausforderung in der Schulkindbetreuung an. Der Ansatz ist aus drei verschiedenen Pädagogischen Bewegungen heraus entstanden. Ein Teil kommt von der Interkulturellen Pädagogik, die von Einzelpersonen gegen Ausländerfeindlichkeit entwickelt wurde, ein andere Teil, die Feministische Pädagogik, entstand aus der Frauenbewegung. Ziel dieser Pädagogik war es ein neues Geschlechterverhältnis zu schaffen. Die dritte pädagogische Bewegung, war die der Eltern mit behinderten Kindern, die die Integrative Pädagogik entwickelten, zur Nichtausgrenzung ihrer Kinder. Diese drei pädagogischen Richtungen haben aber nur wenige inhaltliche Berührungspunkte, weil sie unabhängig voneinander und in verschiedenen Kontexten entstanden sind. Jedoch widmet sich jede Pädagogik einer bestimmten gesellschaftspolitischen und pädagogischen Fragestellung und somit weisen die drei pädagogischen Ansätze große strukturelle Gemeinsamkeiten auf. Annedore Prengel hat durch die Pädagogik der Vielfalt diese drei Ansätze vereint, um *„Behindertendiskriminierung, Frauenfeindlichkeit und Ausländerfeindlichkeit, auch Rassismus"* (Prengel 1993, 214) frühzeitig entgegen zu wirken.

In der Pädagogik der Vielfalt gilt der Grundsatz, dass jeder Mensch einzigartig ist und es ihm möglich ist gemäß seiner Einzigartigkeit leben zu können.

> *„Die Unterdrückung und Einschränkung von Lebensäußerungen werden als Störung oder gar als Zerstörung, als Verlust des Reichtums an Lebensmöglichkeiten gedeutet"* (Prengel 1993, 215)

Die Konsequenz dessen ist, dass die vielfältigen Biografien Einzelner als Reichtum gesehen werden. In der Pädagogik der Vielfalt wird die Unterschiedlichkeit der Menschen als Ressource und nicht als Problem verstanden.

PRENGEL hat insgesamt 17 Thesen aufgestellt, in denen sie die Erkenntnisse aus den drei pädagogischen Ansätzen und Forschungsergebnissen zusammenstellt.

Die Umsetzung der Thesen soll in Schulen dafür sorgen, das alle Schülerinnen und Schüler gleichberechtigt lernen und Erfahrungen sammeln können (vgl. Prengel 2006, 104).

In den Thesen wird zum Beispiel die Selbstachtung und die Achtung der Anderen als erstes genannt, denn nur wer sich selbst achtet und wertschätzt, kann auch Anderen mit Respekt begegnen und sie in ihrer Einzigartigkeit schätzen. Den Gegenüber kennen zu lernen, um zu verstehen, was in ihm vorgeht und um ihn in seiner Einmaligkeit zu begreifen, ist ein weiterer Aspekt. Für die Praxis der Schulkindbetreuung bedeutet dies, das den Kindern die Möglichkeit geboten werden muss, sich selbst kennen zu lernen, erfahren zu können wer man selbst ist und was einen selber ausmacht. Aber auch welche soziale Rolle das Kind in der Gruppe hat und wie es darauf Einfluss nehmen kann. Um dem gerecht zu werden, brauchen die Kinder die Möglichkeit sich alleine zu beschäftigen aber auch soziale Erfahrungen über unterschiedliche Gruppenkonstellation machen zu können.

Verschiedenartigkeit als wichtigste Voraussetzung für kognitives und emotionales Lernen

Die Begegnung mit zwischen verschiedenen Menschen, die unterschiedliches Können, *„ist eine wichtige Herausforderung für kognitives und emotionales Wachstum"* (Prengel 2006, 104 und 187), so PRENGEL. Durch die große Altersmischung in der Schulkindbetreuung sind immer Kinder mit unterschiedlichen Kompetenzen und Kompetenzniveaus zusammen. Aus diesem Grund ist eine zentrale Aufgabe der pädagogischen Mitarbeiter der Schulkindbetreuung dafür zu sorgen, dass die Kinder die Fähigkeiten der Anderen schätzen und als Ressource nutzen. So können die jüngeren Kinder durch die älteren Unterstützt werden, was für beide Seiten Vorteile hat. Die Jüngeren lernen etwas von der Älteren und diese lernen Verantwortung zu übernehmen.

Eine weitere These PRENGELS befasst sich mit dem Bereich der Kollektivität, denn nicht nur die Unterschiede der Menschen sollen erkannt und wertgeschätzt werden, sondern auch die Gemeinsamkeiten. Menschen die Ähnliches erlebt haben, können sich besser in den Andern hineinversetzten und ihn somit besser verstehen. Die Wahrnehmung der eigenen Gefühle soll gefördert werden, dazu gehört auch die Wahrnehmung der verdrängten und verpönten Gefühle, die jeder Mensch in sich trägt. Diese Gefühle sollen nicht unterdrückt werden, da sie genauso zu uns gehören wie alle anderen Gefühle auch. Dies ist besonders für die Ganztagesschule relevant, da nicht jeder immer gut gelaunt ist und somit auch ein Raum geschaffen werden muss, wo Kinder auch mal traurig, wütend oder lustlos sein können. Ein Raum, an dem sie auch einfach mal nichts tun können oder alleine sein, wenn sie das wollen.

Da es Diskriminierung und Vorurteile auch bereits in der Grundschule gibt, ist es sinnvoll darauf ebenfalls einzugehen. Ein offener Umgang mit den vorhandenen Vorurteilen ist ein, wenn nicht der wichtigste Schritt um Diskriminierungen zu reduzieren, bzw. vorzubeugen. Die Vorurteilsbewusste Bildung und Erziehung nach haben CHRISTA PREISSING und PETRA WAGNER (vgl. Preissing; Wagner 2003, 216) zeigt auf, wie pädagogische Fachkräfte aktiv gegen Diskriminierung vorgehen können. Wesentlich ist dabei, dass Kinder, aber auch Erwachsene lernen sollen Einseitigkeiten und Diskriminierungen direkt anzusprechen, zum Thema zu machen und dem aktiv zu widersprechen. Kinder haben einen ausgeprägten Sinn für Gerechtigkeit und sie sollen lernen, dass es sich lohnt aktiv gegen Ungerechtigkeiten vorzugehen, auch wenn man nicht immer unmittelbar erfolgreich sein kann. Gemeinsam mit den Fachkräften können die Kinder selber Möglichkeiten erarbeiten, wie man gegen Einseitigkeiten vorgehen kann.

Inklusion in der Betreuungssituation in der Grundschule

Eine weitere Herausforderung, die in der kommenden Jahren immer mehr in der Fokus rücken wird ist die Inklusion von Kinder mit Verhaltensauffälligkeiten, speziellem Förderbedarf oder Behinderung. Seit der Ratifizierung der UN Behindertenrechtskonvention im Jahr 2006 ist die Inklusion gesetzlich fest- und vorgeschrieben. Somit stellt sich nicht mehr die Frage ob, sondern wie alle Kinder gemeinsam lernen und leben können.

Schon seit vielen Jahren ist in der Pädagogik der Begriff „Integration" bekannt und definiert. Er beschreibt die Eingliederung von Menschen mit Behinderung in nicht speziell für Behinderte konzipierten Einrichtungen gemeinsam mit nicht behinderten Menschen. In jüngster Zeit scheint er sukzessiv durch den Begriff der „Inklusion" verdrängt zu werden. Heute wird in der Fachliteratur der Begriff Inklusion meist als optimierte und erweiterte Form der Integration definiert. Hier wird der unterschiedliche Blickwinkel von Integration und Inklusion sichtbar. Bei der Integration geht man von zwei Gruppen aus: Menschen mit und ohne Behinderung. Menschen mit Behinderung sollen in die andere Gruppe integriert werden, das heißt, sie sollen am sozialen Leben der anderen teilhaben. Der Inklusionsgedanke besteht darin, dass man von einer heterogenen Gruppe ausgeht, die selbstverständlich gemeinsam lebt und lernt (vgl. Abbildung). Die Heterogenität der Gruppe wird als Ressource gesehen und als solche genutzt (vgl. Sander 2002, 29).

In Deutschland sind die Zahlen zur Inklusion von Kindern mit besonderem Förderbedarf in institutionellen Einrichtungen regional sehr unterschiedlich. Im Jahr 2009 wurden ca. 60 Prozent aller Kinder mit besonderen Bedürfnissen in integrativen bzw. inklusiven Kindertagesstätten betreut. Knapp 35 Prozent wurden in Grundschulen und 14 Prozent in weiterführenden Schulen inklusiv gefördert und betreut (vgl. Klemm 2010, 13-14).

Inklusion	Integration
heißt, dass sich das System den Menschen mit besonderen Bedürfnissen anpasst	bedeutet, dass ein Mensch mit besonderen Bedürfnissen in ein bestehendes System eingefügt wird.
das soziale Umfeld ist der derart gestaltet, dass keiner ausgeschlossen ist	Nicht das System passt sich an, sondern der Mensch muss sich dem System anpassen
jeder kann teilhaben	
Motto: WÄNDE VERSETZEN	Motto: TÜREN ÖFFNEN

Abbildung 17   Inklusion & Integration
Quelle: nach Weiß 2013.

Im schulischen Kontext gibt es Integrationsklassen, in denen meist drei bis fünf Schüler mit besonderen Bedürfnissen aufgenommen werden. Alternativ findet Einzelintegration statt, bei der jeweils ein einzelner Schüler mit besonderen Bedürfnissen in einer Klasse aufgenommen wird. Im letztgenannten Fall bestehen in der Regel kein spezifisches Konzept oder individuelle Fördermöglichkeiten. Des Weiteren kann eine aktive Integration im Rahmen von Außenklassen oder durch kooperierende Schulsysteme erfolgen. Diese sind organisatorisch einer Sonderschule angegliedert, befinden sich örtlich jedoch an einer Regelschule. Diese Form soll einerseits den Kontakt zwischen den Kindern mit und ohne Behinderung fördern, anderseits soll die sonderpädagogische Förderung bestehen bleiben (vgl. Maikowski 2009, 36-50).

Für die gemeinsame Erziehung von Kindern mit und ohne besondere Bedürfnisse existieren parallel unterschiedliche theoretische Grundlagen, was sich wiederum in den pädagogischen Ansätzen der jeweiligen Institutionen widerspiegelt. Zum Beispiel beinhaltet die Montessori-Pädagogik pädagogische und entwicklungspsychologische Ansätze, in deren Rahmen jedes Kind in der vorbereiteten Umgebung auf seinem individuellen Entwicklungsniveau und -tempo lernen kann. Dieser Ansatz betont und fördert mit dem pädagogischen Prinzip „Hilf mir es selbst zu tun" die Selbstständigkeit des Individuums. Er ist verbreitet und anerkannt sowohl in Kindertageseinrichtungen als auch in Schulen, die mit Kindern mit besonderen Bedürfnissen arbeiten (vgl. Klein 2010, 140; Steenberg 2008, 38).

Der Ansatz der entwicklungslogischen Didaktik nach GEORG FEUSER Ist bis jetzt der einzige, theoretisch fundierte und ausgearbeitete Ansatz, der versucht Wege zu beschreiben, wie gemeinsame schulische Bildung bei unterschiedlichen kognitiven Voraussetzungen ermöglicht wird (vgl. Klauß 2011, 108). Die individuelle Auseinandersetzung mit einem gemeinsamen Gegenstand, bei dem sich alle mit ihrem momentanen Denk- und Handlungsstand einbringen können.

Bildung wird durch adäquate Hilfsmittel und Unterstützung in der jeweiligen Zone der nächsten Entwicklung möglich. Für die Umsetzung der entwicklungslogischen Didaktik ist der Projektunterricht die am besten geeignete Form. Hier wird nicht nur seitens der Lehrkraft Frontalunterricht praktiziert, sondern die Schüler können sich im Rahmen der Projekte gegenseitig unterstützen und so voneinander lernen. Gleichzeitig erkennen sie ihre eigenen Stärken und lernen, ihre Interessen zu verfolgen (Feuser 2002, 44, 284-286).

Unabhängig vom pädagogischen Ansatz hat sich jedoch gezeigt, dass grundlegend für eine gelingende Inklusion die Haltung und Entwicklung hin zur individuumsorientierten Arbeit der pädagogischen Fachkraft ist (vgl. Ferdigg 2010, 45). Dies gilt für die Gestaltung Unterricht sowie für die außerunterrichtlichen Aktivitäten oder Projekte während der Schulkindbetreuung.

Es bedarf einer wertschätzenden Einstellung und Haltung gegenüber der Heterogenität sowie der Schulung des ressourcenorientierten Blicks der pädagogischen Fachkraft (vgl. Rönnau-Böse 2010, 39). Insbesondere im schulischen Kontext bedarf es einer Anpassung der Erziehungs- und Bildungsvorstellungen auf die neuen Herausforderungen der sozial-emotionalen Förderung in inklusiven Settings.

Ein Aspekt, der nach BERNHARD RAUH (2011, 50) oftmals vernachlässigt wird, ist die soziale Inklusion der Kinder in heterogenen Gruppen. Menschen mit Behinderung können zwar das Recht einklagen, strukturell und schulorganisatorisch inkludiert zu werden, jedoch könnten sie trotzdem in der allgemeinen Schule persönlich benachteiligt und stigmatisiert werden. Somit sind sie sozial-emotional von den anderen separiert (vgl. Speck 2011). Die rechtliche Situation alleine kann nicht verhindern, dass inkludierte Kinder in heterogenen Gruppen isoliert werden, wenn sie keine Wertschätzung, Anerkennung und Liebe von den Peers bekommen. Das Gefühl des Dazugehörens fördert eine positive Persönlichkeitsentwicklung, ebenso wie die sozial-emotionale Ausgrenzung die Entwicklung negativ beeinflusst. Demzufolge muss die sozial-emotionale Inklusion aller Kinder, z.B. durch spezifische Interventionen, sichergestellt werden (vgl. Rauh 2011, 42-52).

In Bezug auf die sozial-emotionale Inklusion in der Grundschule, kann die Fachkraft eine weitere wichtige Funktion übernehmen. Durch das eigene Verhalten und die Funktion als Vorbild kann man Kindern indirekt helfen, ihre eigene Position und soziale Stellung in der Gruppe zu verbessern. Dies kann beispielsweise durch bewusst eingesetztes wertschätzendes und ressourcenorientiertes Verhalten gegenüber allen – aber insbesondere gegenüber separierten - Kindern erreicht werden (vgl. Preuss-Lausitz 2005, 159-162).

Reflexionsfragen

1) Was meint Diversity Management in der Schule?
2) Was ist unter Diversität und was ist unter Heterogenität zu verstehen?
3) Worin liegen die Besonderheiten eines potenzialorientierten Schulmodells begründet?
4) Was versteht Annedore Prengel unter einem erfolgreichen Umgang mit Vielfalt?
5) Wie lassen sich Integration und Inklusion beschreiben?

3.3 Umgang mit Vielfalt in Gruppen – die Praxis

Der Begriff Inklusion gibt ist bis heute Anlass zu vielen Diskussionen und doch sollte er gesellschaftlich grundgelegt und handlungsleitend sein, denn er betrifft alle Mitglieder der Gesellschaft.

Er bedeutet für das einzelne Kind in der Betreuung, dass es in eine Gemeinschaft eingebunden ist, nicht zum Sonderfall erklärt ist und das seine Stärken, Schwächen, Eigenheiten und Interessen akzeptiert und anerkannt werden.

Alle Kinder haben das Recht dabei zu sein, auch Kinder mit besonderen Lern- und Verhaltensbedürfnissen, aber auch das Kind im Rollstuhl oder das mit einer Sinnesbeeinträchtigung. Alle Kinder haben das Recht die gleiche Einrichtung zu besuchen, wie das Nachbars- und Geschwisterkind. Diesem Anspruch gerecht zu werden, setzt ein geändertes Wertesystem voraus, welches die gleichen Rechte aller einräumt und Vielfalt als dem Menschen genuines Merkmal anerkennt und als normal voraussetzt.

Politisch wurde dieses Recht in der UN-Konvention über die Rechte von Menschen mit Behinderung bekannt. Deutschland hat 2008 mit der Ratifizierung der Gesetze beschlossen und sich verpflichtet, notwendige Maßnahmen einzuleiten und zu planen. Es

Allen Kindern eine Schule

geht um die uneingeschränkte Teilhabe am gesellschaftlichen Leben und die damit verbundene Förderung weitestgehender Eigenständigkeit auf ein selbstbestimmtes Leben als Erwachsene. So müssen alle dafür sorgen, dass die räumlichen, personellen und organisatorischen Bedingungen geschaffen werden, damit Teilhabe gesichert werden kann.

Schulkindbetreuung als Unterstützungsleistung für Teilhabe

In der Schulkindbetreuung heißt das auch, dass alle notwendigen Unterstützungen geleistet werden müssen und die Bedingungen an das Kind angepasst werden müssen, um Teilhabe zu sichern. Daher braucht es auch ein Konzept das sichert, dass es normal ist, verschieden zu sein und Diskriminierung aller Risikogruppen überwindet.

Dieses Konzept gibt es bisher nicht, denn alle bisherigen Versuche rufen Diskriminierung hervor und doch wollen und müssen wir diesen Weg auch in der Schulkindbetreuung gemeinsam gehen.

JUDITH HOLLENWEGER beschäftigt sich seit vielen Jahren mit dem Aspekt der Teilhabe auf der Grundlage der ICF Kriterien (Internationale Klassifikation der Funktionsfähigkeit, Behinderung und Gesundheit bei Kindern und Jugendlichen) im schulischen Kontext. Die ICF bietet ein einheitliches, systematisches und kompetenzorientiertes Beobachtungsraster. Früher wurde bei der Diagnostik stark auf Krankheitsaspekte eingegangen. Mit der ICF wird die Gesundheitsförderung in den Fokus genommen. Dieser kompetenzorientierte Blick und die Konzentration auf die Funktionen und Partizipationsmöglichkeiten verbinden die ICF-Sicht und die Sicht der Diagnostik in Bildungszusammenhängen (Schule, Schulkindbetreuung). Die Kind-Umfeld-Bedingungen (Elternhaus, Erzieher, Betreuer, Lehrer) als Hilfen und Barrieren sind so mitzudenken und zu gestalten.

Partizipation und Teilhabe werden in diesem Kontext verstanden als

1) Involviert sein...

a) Verhaltensmäßig
— Positives Benehmen
— Partizipation an Aktivitäten der Gruppe

- Lösen von Aufgaben

b) Emotional
- Affektive Reaktionen wie Interesse und Freude
- Identifikation mit Betreuer und anderen Gruppenkindern

c) Kognitiv
- Selbstregulierung
- Flexibilität beim Problemlösen
- Coping Strategien

d) ...in typische Routinen in typischen Settings
- Abfolgen verschiedener Aktivitäten, die eine Lebenssituation ausmachen

e) ...die ausgerichtet sind auf persönliche oder sozial bedeutsame Ziele.
- Was muss ein Mensch können, um am Leben zu partizipieren?

Wenn es um eine kooperative Förderplanung bei Kindern geht, sind stets drei Planungshorizonte zu berücksichtigen. Betrachten wir diese Planungshorizonte im Kontext der Schulkindbetreuung wie zum Beispiel bei der Analyse der „Selbständigkeit", so lassen sich dabei folgende Kriterien aufzeigen:

1) Aktivitäten und Aufgaben, die das Kind ausüben kann
- Hausaufgaben lösen
- Weg zur Einrichtung bewältigen
- Kurse aufsuchen
- Aufgabenstellungen in der Gruppensituation
- Freizeit mit Peers

2) Lebenssituation, in der das Kind kompetent handeln kann
- Freundschaften pflegen
- Funktion ausüben
- Dienste in der Gruppe führen
- Beziehungen leben

3) Lebensräume, in denen das Kind ein erfülltes Leben führen kann
- Mobilität
- Kommunikation
- Lernen und Wissensanwendung
- Aufgaben und Anforderungen
- Interpersonelle Aktion und Beziehung

Die Entwicklung von Selbstständigkeit bei Kindern kann durch drei Aspekte erschwert werden:
- Umweltfaktoren
- Schädigung der Körperfunktionen
- Beeinträchtigung von Aktivitäten

Es geht daher nicht um die Frage: Wie muss ein Kind sein, um eine vorgegebene Situation meistern zu können? Es geht vielmehr um die Frage: Wie müssen wir Situationen in Schule und in der Schulkindbetreuung gestalten, damit sich das Kind selbst kompetent erlebt? Eine Antwort ist: Wir müssen Lebensräume individuell kreieren.

Abbildung 18   Übersicht Bedingungen für erfolgreiches Lernen
                Quelle: eigen.

Individuelle Lern und Entwicklungsbegleitung (ILEB) ist das Leitthema im Umgang mit Schülerinnen und Schülern die einen sonderpädagogischen Bildungsanspruch oder Unterstützungsbedarf ben. Hier werden Potentiale und Bedürfnisse der Kinder umfassend erhoben und dokumentiert.

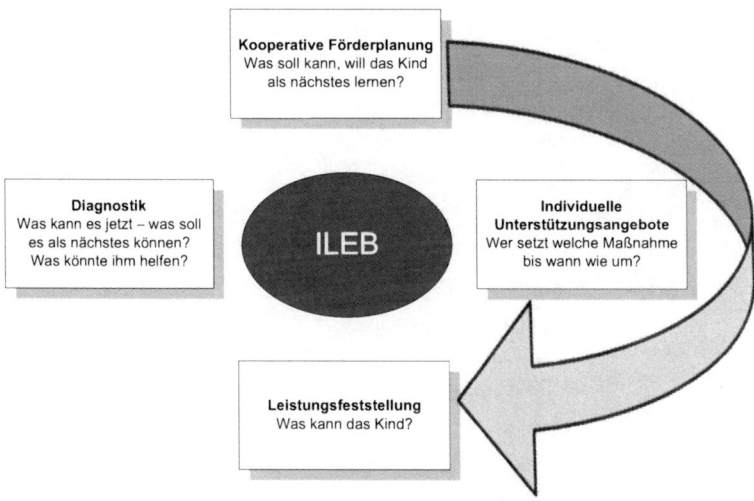

Abbildung 19   Übersicht Bedingungen für erfolgreiches Lernen
Quelle: eigen.

Bildungseinrichtungen müssen daher individuelle Angebote gestalten, um dem Einzelnen zu ermöglichen, seine Stärken und Begabungen so zu entwickeln, dass ein Maximum an Teilhabe und Aktivität gesichert ist. So ist es unabdingbar, dass die Erzieher aus der Schulkindbetreuung in diesem Prozess als Akteure eingebunden sind. Der diagnostische Förderbedarf bildet die Grundlage in der ganztägigen Bildung. Daraus werden gemeinsam individuelle Angebote zur Förderung der
- sensomotorischen
- motorischen
- sozial-emotionalen
- kognitiver
- und kommunikativer Fähigkeiten entwickelt.

Die professionelle Beziehungsgestaltung ist in diesem Prozess grundgelegt. Der Erwerb von Lern- und Handlungsstrategien, Lern- und Anstrengungsbereitschaft und die Entwicklung von Routinen sollten in der ganztägigen Bildung immer im Fokus stehen. Schriftspracherwerb und Kenntnisse in Mathematik sind Voraussetzungen dafür, ein selbstbestimmtes, eigenverantwortliches Leben gestalten zu können. Beim Lernen und Gestalten erleben sich Kinder und Jugendliche in besonderer Weise erfolgreich, wenn wir Ihnen passgenaue, lebensweltorientierte und zu bewältigende Situationen schaffen. Überforderung und Misserfolg schaden der positiven Persönlichkeitsentwicklung. Diese ganztägigen Angebote müssen professionell in einem gemeinsamen Abstimmungsprozess mit allen Beteiligten (Kindern, Eltern, Lehrer, Erzieher, Betreuer) gesteuert und umgesetzt werden. Ein permanenter Austausch und die gemeinsame Reflexion aller Bildungs-und Erziehungsmaßnahmen gewährleisten eine Evaluation und eine Fortschreibung erfolgreicher Maßnahmen und zur zum Erreichen der individuellen Ziele. Die Beteiligung der Kinder und Jugendlichen ist dabei zu sichern.

Erfolge erleben lassen durch passgenaue Angebote

Im vertrauensvollen Miteinander werden die Ergebnisse aktueller Leistungsfeststellungen und der Diagnostik transparent gemacht die Maßnahmen zur individuellen Förderung vereinbart. Hierbei geht es auch um Maßnahmen zur Sicherung der Teilhabe, die in den Bildungsbereichen des Lebens auf der Grundlage von teilhabeorientierten Kompetenzrastern beschrieben sind.

wirksame Ganztagsangebote basieren auf dem Zusammenspiel aller Experten und ihrer Adressaten

Das Lerncoaching ist im direkten Zusammenhang mit der individuellen Lern-und Entwicklungsbegleitung zu sehen. Die Kinder können jederzeit Auskunft über den eigenen, aktuellen Entwicklungsstand geben. Es regt dazu an, sich zu überlegen, was als nächstes gelernt werden soll. Dabei bieten Kompetenzraster und die individuellen Zielvereinbarungen eine Orientierung.

Elemente aus der systemischen Beratung wie die Skalierung und das Konkretisieren von Vorstellungen (Was ist dann konkret anders? Worin ist ein Unterschied begründet?) dienen dazu, Kinder und Jugendliche zu Akteuren ihrer Entwicklung werden zu lassen.

- Ich weiß selber, was ich gut kann.
- Ich weiß, woran ich das erkennen kann?
- Ich weiß, was ich getan habe, damit ich so erfolgreich geworden bin.

- Ich kann mir selber überlegen, was ich als nächstes lernen möchte.
- Ich weiß, wie ich am besten lernen und arbeiten kann.

EXKURS:
Definitionen im Zusammenhang mit ICF

- Körperfunktionen sind die physiologischen Funktionen von Körpersystemen (einschließlich der psychologischen Funktionen)
- Körperstrukturen sind anatomische Teile des Körpers, wie Organe, Gliedmaßen und ihre Bestandteile
- Schädigungen sind Beeinträchtigungen einer Körperfunktion oder –struktur, wie z.B. eine wesentliche Abweichung oder ein Verlust.
- Eine Aktivität bezeichnet die Durchführung einer Aufgabe oder Handlung (Aktion) durch einen Menschen.
- Partizipation (Teilhabe) ist das Einbezogensein in eine Lebenssituation.
- Beeinträchtigungen der Aktivität sind Schwierigkeiten, die ein Mensch bei der Durchführung einer Aktivität haben kann.
- Beeinträchtigungen der Teilhabe sind Probleme, die ein Mensch beim Einbezogensein in eine Lebenssituation erlebt
- Umweltfaktoren bilden die materielle, soziale und einstellungsbezogene Umwelt ab, in der Menschen leben und ihr Dasein entfalten

3.4 Interkulturalität und Interreligiosität

Im täglichen Leben treffen verschiedene Kulturen regelmäßig und unplanmäßig aufeinander. Ob beim Einkaufen, beim Flanieren durch eine Fußgängerzone, während einer Veranstaltung oder während der Freizeitaktivitäten – die Begegnung mit dem „Anderen" ist zur Normalität geworden und dennoch gibt es immer noch Berührungsängste mit und Unverständnis und Unkenntnis darüber, wie Menschen mit anderem kulturellen

Hintergrund als dem eigenen leben und welche Sicht sie auf das gesellschaftliche Miteinander haben.

Gerade in Schulen ist das direkte Erleben anderer Kulturen ein großer Bestandteil im Alltag der Kinder und Jugendlichen. Nicht immer sind die Begegnungen konfliktfrei und interkulturelle Begegnungen in der Schule fordern eine hohe Sensibilität gegenüber möglichen Konfliktsituationen. In gleicher Weise gilt das auch für die interreligiösen Begegnungen in der Schule mit ihrer jeweils eigenen Konflikträchtigkeit.

An dieser Stelle sollen Interkulturalität und Interreligiosität andiskutiert werden, um aufzuzeigen, dass es diese Problematik gibt. Was im Rahmen dieses Bandes nicht geleistet werden kann, ist eine fundierte Herangehensweise, Einführung und Analyse sowohl der Begriffe als auch der möglichen Konfliktpotenziale und ihrer präventiven wie interventionalen Bewältigungsstrategien. Insofern stehen die folgenden Ausführungen als Platzhalter und sollen ihre Vertiefung in ergänzenden Ausführungen finden.

Bereits 1991 benennen THEODOR SUNDERMEIER und WERNER USTOF die in diesem Zusammenhang zu sehende Problematik:

> *„Wir stehen heute vor nichts Geringerem als der Aufgabe, einen neuen Weg der Begegnung mit dem anderen Menschen, dem Fremden zu suchen. Es muß eine Begegnung sein, die den anderen in seinem Subjektsein, in seiner kulturellen und religiösen Identität und Eingebundenheit anerkennt und zugleich eine Gemeinsamkeit eröffnet, in der Dialog und gemeinsames Leben möglich sind, in der Differenz und Identität in gleicher Weise ihr Recht haben."* (Sundermeier; Ustorf 1991, 7-9).

Es geht also weniger um das Verstehen des anderen, als vielmehr um das Selbstverstehen, das aus dem Dialog mit dem Anderen zu einer Selbstreflexion des Eigenen wird. Wie bei HEGEL gilt, der Andere, das Fremde ist nur der Umweg zum Selbst (vgl. Sundermeier 1991, 13-28). Für die Schule gilt in diesem Sinne, Raum und Zeit für die Begegnung mit dem Anderen und Raum und Zeit für die Begegnung mit mir Selbst zu schaffen, um darüber die Wahrnehmungsfähigkeit und die Befähigung zu schulen, einen anderen Standpunkt als den eigenen einnehmen zu können. Es geht dabei im Sinne von SUNDERMEIER und USTORF nicht darum das Fremde besser aus der eigenen Perspektive wahrzunehmen, sondern um die Revision des Eigenen. Eine Möglichkeit dafür könnte eine interkulturelle Unterrichtsgestaltung sein.

Interkulturelles Lernen wird insbesondere im Zusammenhang mit dem Islam in Deutschland synonym mit interreligiösem Lernen genannt. Interkulturalität bezeichnet die Begegnung und das sich in Beziehung bringen von zwei oder mehreren Kulturen, wobei weder kulturelle noch theologische Bestände diskutiert werden müssen, sondern vielmehr die Kommunikation als „Begegnung mit dem Anderen und mir selbst" im Vordergrund steht. Eine weitere mögliche Definition stellt ALOIS WIERLACHER, in dem Interkulturalität als ein Prozess zur Überwindung des Ethnozentrismus durch eine wechselseitige Abhebung beschrieben wird. Erst das Beschäftigen mit Fremdem und Anderem, wie auch die kritische Auseinandersetzung mit der eigenen Kultur macht es möglich, einen Vergleich anzustellen und Unterschiede aus mehreren Blickwinkeln festzustellen. Wichtig ist dabei die Erkenntnis, dass es in einem Dialog kein richtig, oder falsch gibt (vgl. Wierlacher 2003, S. 257).

Interkulturalität in der Schule

Interkulturelle Bildung ist für die Schule und für die Gestaltung schulergänzender Angebote von zentraler Bedeutung.

> „In Auseinandersetzung zwischen Fremdem und Vertrautem ist der Perspektivwechsel, der die eigene Wahrnehmung erweitert und den Blickwinkel der anderen einzunehmen versucht, ein Schlüssel zu Selbstvertrauen und reflektierter Fremdwahrnehmung. Die durch Perspektivwechsel erlangte Wahrnehmung der Differenz im Spiegel des anderen fördert die Herausbildung einer stabilen Ich-Identität und trägt zur gesellschaftlichen Integration bei. Eine auf dieser Grundlage gewonnene Toleranz akzeptiert auch lebenswelt-

liche Orientierungen, die mit den eigenen unvereinbar erscheinen, sofern sie Menschenwürde und - rechte sowie demokratische Grundregeln achten." (Deutscher Bildungsserver: Interkulturelle Bildung in der Schule)

Dieser Auffassung folgend, lassen sich Zielsetzungen formulieren, wie sie in der Kinder- und Jugendarbeit seit langem etabliert sind: Verständigung, soziale Beziehungen, Miteinander fördern, Friedensförderung, Teilhabegerechtigkeit, Lebensweltorientierung und Wahrung von Menschenrechten.

Eine ähnliche Auffassung findet sich im Handbuch des Kultusministeriums von Niedersachsen wider. Unter dem Titel „Sichtwechsel - Wege zur interkulturellen Schule" finden sich unter anderem diese Thesen zur interkulturellen Bildung in der Schule:

- Sprachliche und kulturelle Vielfalt sind Normalität; interkulturelle Erfahrungen gehören zum Alltag.
- Die Schule ist ein Ort interkultureller Erfahrung. Interkulturelle Bildung ist eine Aufgabe der Schule.
- Interkulturelle Bildung ist kein weiteres Fach, sondern Teil der allgemeinen Bildung. Sie richtet sich an alle Schülerinnen und Schüler. Alle Fachbereiche leisten dazu ihren Beitrag.
- Auch Lehrende sind im Prozess interkultureller Bildung Lernende.
- Interkulturelle Bildung ist keine Minderheitenpädagogik, dennoch schützt und berücksichtigt sie die Rechte der Kinder aus Minderheiten.
- Zwei- und Mehrsprachigkeit werden in Unterricht und Schulleben anerkannt und positiv genutzt.
- Interkulturelle Bildung unterstützt die Entwicklung persönlicher Identität und macht offen für Begegnungen mit den/ dem Anderen.
- Interkulturelle Bildung fördert den Respekt vor dem Anderssein der anderen; sie fördert Neugierde, Offenheit und Verständnis für andere kulturelle Orientierungen.
- Interkulturelle Bildung stärkt die Fähigkeit zur Wahrnehmung der eigenen Perspektive und zum Perspektivenwechsel.

- Die Schule kann neue Handlungs- und Erfahrungsräume für interkulturelle Bildung öffnen und interkulturelle Erfahrungen aufarbeiten. Dabei vermeidet sie nicht Konflikte, sucht sie aber auch nicht. Interkulturelle Bildung lässt erfahren, dass Vielfalt positive Anregungen für das Zusammenleben und das Lösen von Konflikten bieten kann.
- Durch interkulturelle Bildung werden Kopf, Herz und Sinne angesprochen.

Interkulturelle Bildung in der Schule

Interkulturelle Bildung in der Schule setzt sich zum Ziel, Kinder und Jugendliche auf die kulturelle (und religiöse) Vielfalt in der Gesellschaft vorzubereiten. Dabei lernen diese, sich gegenseitig zu achten und zu verstehen, voneinander zu lernen und füreinander einzutreten. Daher ist interkulturelle Bildung eine übergreifende Aufgabe der Schule (vgl. § 12 Schulgesetz für Berlin), auch der Grundschule. Sie ist nicht auf einzelne Fächer, Projekte oder Themen beschränkt, sondern betrifft das gesamte Schulleben.

Ziel von Interkultureller Bildung und Erziehung geht der Aufbau von interkulturellen Kompetenzen bei allen Schülern, um sich in kulturellen Überschneidungssituationen angemessen orientieren und verhalten zu können. Zu den interkulturellen Kompetenzen gehören (vgl. LISUM 2008):

Die Sachkompetenz: Sie umfasst das Wissen um eigene und „fremde" kulturelle Werte und Einstellungen, um die mögliche Relativität von Werten, um globale Verflechtungen und Abhängigkeiten.

Die Sozialkompetenz: Sie umfasst die Fähigkeit, Widersprüche und Konflikte in Interaktion und Kommunikation adäquat zu lösen und schließt die Entwicklung von Empathie für Menschen anderer Kulturen ein.

Die Selbstkompetenz: Sie umfasst den Bereich der kulturellen Werte und Einstellungen, die die Schülerinnen und Schüler beeinflussen. Sie umfasst die Fähigkeit, die eigene und die fremde Kultur zu analysieren, daraus resultierende Verhaltensmuster zu erkennen und eventuell auftretende Konflikte friedlich zu lösen.

Die Methodenkompetenz: Sie umfasst Lernarrangements und Settings, wie z. B. Perspektivwechsel, interkulturelle Mediation, Anti-Bias-Training, Argumentationsstrategien für interkulturelle Konfliktsituationen, Trainingsprogramme wie „Eine Welt der Vielfalt" etc.

Schülerinnen und Schüler der Grundschule haben interkulturelle Kompetenzen erworben, wenn sie (vgl. Rahmenplan Interkulturelle Erziehung, Mecklenburg-Vorpommern 2008):

- Kenntnisse über andere Kulturen, Sprachen und Länder besitzen;
- Distanz zu „Fremdem" abbauen können, ohne das Eigene aufzugeben;
- die eigenen Werte und Maßstäbe kennen, reflektieren können und begreifen, dass auch andere Werte zu akzeptieren und zu tolerieren sind;
- eigene Werte und Maßstäbe in Frage stellen und andere Elemente integrieren können;
- Gemeinsames und Trennendes der eigenen und anderen Kulturen erfassen können;
- Klischees von anderen Kulturen aufbrechen können und eine Bewertung von Kulturen vermeiden;
- Zweifel und interkulturelle Konflikte, Spannungen und Mehrdeutigkeiten aushalten;
- Kompromissfähigkeit und andere friedliche Problemlösungsstrategien einsetzen und Konflikte durch Verhandlungen beilegen können;
- Offenheit und Verständnis für andere aufbringen;
- in der Lage sind, in den verschiedenen Unterrichtsinhalten interkulturelle Dimensionen zu erkennen, einzuordnen und zu beurteilen;
- positiv mit Angehörigen unterschiedlicher kultureller Gruppen interagieren können,
- sich bewusst sind, dass alle Menschen (also auch sie selbst) eine Verantwortung für die eine Welt besitzen.

Interkulturelles Lernen im Unterricht und insbesondere in den schulergänzenden Angeboten lassen sich über

- Märchen aus aller Welt

- Herkunft und Bedeutung von Personennamen
- Spiele, Bastelanleitungen und Kochrezepte aus aller Welt
- Gemeinsame Feste unterschiedlicher Kulturen und Religionen
- Theater- und Rollenspiele
- Reiseberichte und Ferienerlebnisse
- Weltatlas gestalten
- Exkursionen oder
- internationale Schülerbegegnungen

initiieren.

Aufgabe
Lesen Sie den Lesetext 4.3 „Eckwerte Interkulturalität" und reflektieren Sie ihre berufliche Praxis. Wie weit können Sie interkulturelle Bildungsanlässen in der Schulkindbetreuung gestalten?

Reflexionsfragen
1. Wie zeigt sich Interkulturalität in der Schule?
2. Was ist unter interkultureller Bildung zu verstehen?

4 Lesetexte

4.1 Lesetext 1 „Themenzentrierte Interaktion Cohn"

*„ Zu wissen, dass jeder Mensch zählt ob schwarz, weiß, rot, gelb oder braun.
Die Erde zählt. Das Universum zählt. Mein Leid zählt, Dein Leid zählt.
Wenn Du Dich nicht um mein Leid scherst und mir Dein Kummer gleichgültig ist,
so werden wir beide von Hunger, Massenmord, Krankheit ausgelöscht werden."*
Ruth Cohn

1. Was ist Themenzentrierte Interaktion (TZI)?

Hinter TZI verbirgt sich eine Methode, die in ihrem Wirken darauf abzielt, Lösungen für Probleme aller Lebenslagen, ob in Familie, Freizeit oder Beruf nicht ausschließlich auf intellektueller Ebene, sondern ganzheitlich mit Kopf, Herz und Hand herbeizuführen.

Folglich wird jedes Geschehen immer erst durch das Zusammenwirken von Verstand, Emotion, Körperwahrnehmung und Beziehung gestaltet.

Hinter TZI nach Ruth Cohn verbirgt sich ein Gruppenmodell, mit dem Jeder, ob als Mitglied einer Lern- oder Projektgruppe, in einer Leitungsgruppe, im Consultingbereich, in der Teamentwicklung oder im persönlichen privaten Zusammenleben und der Partnerschaft sein Leben, seine Aufgaben oder zwischenmenschliche Beziehungen verantwortlicher, effizienter und beziehungsreicher gestalten kann.

2. Ruth Cohn Begründerin der TZI

- 1912   als Tochter einer wohlhabenden jüdischen Familie in Berlin geboren
- 1933   Umzug in die Schweiz
  Fortführung ihres Universitätsstudiums
  Außeruniversitäre Studien zur Psychoanalyse
  Entwickelt für sich die Vorstellung, wonach einer großen Bevölkerungsschicht psychodynamische Kenntnisse zugänglich sein sollten
- 1941   emigriert in die USA,
  erste Praxiseröffnung in einem einfachen Hotelzimmer, hoher Zulauf
- 1946   *„Man sagte mir, dass ein Gesetz vorbereitet würde, nachdem nur Ärzte Psychoanalyse praktizieren dürften, mit der möglichen Ausnahme von Kinderanalyse. So bereitete ich mich auf Kinderanalyse*

vor. Ich wollte nicht einsehen, dass Probleme von Kindern geringfügiger sein sollten als die von Erwachsenen, nur weil Kinder kleiner sind."

1955 Geburtsstunde der TZI: In einem Workshop revolutioniert
R. Cohn eine unmögliche Sache: Als Leiterin macht sie ihre eigenen Schwierigkeiten mit einer Patientin zum Gegenstand des Workshops. Abkehr von der „neutral-abstinenten" Haltung in der klassischen Psychoanalyse.

1964 Gründung der ersten TZI-Gruppe
„Mit der holistischen Auffassung vom Menschen habe ich erkannt, dass nicht nur Krankheit von jedem Punkt der Seele und es Körpers her entstehen kann, sondern auch Gesundheit."

1966 Gründung des Ausbildungs- und Praxisinstituts WILL in New York zusammen mit 10 Kollegen
Workshops im deutschsprachigen Raum Europas

1971 Rückkehr in die Schweiz
Mitglied im Lehrerteam der Internatsschule École d´Humanité im Berner Oberland, Fortführung ihrer Arbeit mit TZI

1979 Ehrendoktorwürde durch die Universität Hamburg

1993 Verleihung des großen Verdienstkreuzes der Bundesrepublik Deutschland in Anerkennung ihrer Verdienste um die seelische Entwicklung und Gesunderhaltung mit Breitenwirkung

1994 Verleihung der Ehrendoktorwürde durch die Universität Bern
In ihrer Dankesrede geht R. Cohn auf das „Zuviel-Verantwortung-Tragen" ein, wenn dabei die Verantwortung für sich selbst vernachlässigt wird. Das verunsicherte den akademischen Zuhörerkreis.
Bis ins sehr hohe Alter ist R. Cohn noch an der Internatsschule Ecolé de Humanité tätig. Sie starb im Januar 2010 in Düsseldorf.

3. Zielgruppen der TZI

Die Themenzentrierte Interaktion richtet sich u.a. an Personen, die:

1. Lern- und Arbeitssituationen nach ganzheitlichen Gesichtspunkten strukturieren möchten
2. humane Ziele für Politik und Wirtschaft verfolgen und entsprechende Wege einschlagen
   möchten
3. an das lebenslange Lernen glauben und das auch verwirklichen möchten
4. sich in ihrem Handeln und Denken authentisch geben möchten und für eine Gleichbehandlung beider Geschlechter einstehen – auch in der Sprache
5. innere und äußere Realität besser aufeinander abstimmen möchten

TZI führt weg von dem positivistischen Wissenschaftsansatz, der davon ausgeht, dass nur die objektiven Wahrnehmungen glaubwürdige und messbare Relevanz hätten.

TZI geht davon aus, dass neben dem Objektiven auch das Subjektive, also das von einer Person individuell Wahrgenommene Realität ist und Wirklichkeit besitzt.

Es geht um die Zusammenführung und die Gleichwertigkeit von Objektivem und Subjektivem. Kopfmensch versus Gefühlsmensch, so könnte man formulieren. Dabei sollte der Mensch mehr seine Emotionen in sein Tun einbeziehen, er würde umso leistungsfähiger.

Den objektiven stehen auch subjektive Fragen gegenüber:

Wie lautet mein Auftrag? - Was bedeutet dieser Auftrag für mich?
Was ist unser Lernziel? - Was bedeutet mir dieses Ziel?
Wie führen wir den Auftrag aus? - Wie viel Angst oder Freude macht er mir?

4. Verortung der TZI zu seinen Nachbardisziplinen

„Da steht ihr nun also, meine Töchter – ohne Fußspuren, in die Ihr hineintreten könntet, ohne Ideale, denen nachzustreben es sich lohnte, ohne ein gemeinschaftliches Wrk, an dem Ihr Euch beteiligen könntet."

(Gernot Böhme, Philosoph, an seine Töchter)

Die Entwicklungsgeschichte der TZI ist an die Entwicklung der Psychotherapie besonders in den 60er und 70er Jahren verbunden. Zwei immanente Fragen gestalteten dabei das therapeutische Milieu in den Praxen der Therapeuten:

- Wie ist es dazu gekommen, dass so viele Menschen therapiebedürftig geworden sind?
- Welcher Weg führt da heraus?

Ist die erste Frage noch stark im gesamtgesellschaftlichen Kontext zu sehen und zu verstehen, so hat Ruth Cohn mit der TZI auf die zweite Frage einen entscheidenden Impuls gegeben.

Die Erkenntnisse der **Tiefenpsychologie** (Freud, Jung, Adler) sind insofern für die TZI von Bedeutung, als darin der Mensch mit seiner subjektiven Wahrnehmung, in der auch unangenehme und zunächst wertlos scheinende Gefühle Raum haben, ernst genommen wird. Die „frei schwebende Aufmerksamkeit" des Psychoanalytikers, das Zuhören vom Standpunkt des anderen aus, ohne die eigene Gefühls- und Gedankenwelt dabei zu verdrängen hat auch in der TZI einen festen Platz.

TZI unterscheidet sich u.a. durch die Themenwahl von der Tiefenpsychologie. Bei einer methodischen Vorgehensweise in der TZI einigen sich die Teilnehmer auf ein Thema. In der Tiefenpsychologie entwickelt sich das Gesprächsthema erst im Verlauf des Sprechens.

Der **Behaviorismus** gilt als 2. Kraft in der Psychotherapie-Landschaft. Watsons Behaviorismus ist stark technik-naturwissenschaftlich orientiert.

Psychologie wird als Naturwissenschaft verstanden, die gezielt Menschen von deren ungünstigen Verhaltensweisen zu befreien sucht. Empfindungen und Emotionen bleiben dabei unberücksichtigt. Wichtiger sind dagegen Umwelt und ihre Änderungen als immanente Einflussfaktoren bei Problemen der Lebensgestaltung. TZI greift das auf, orientiert sich aber vornehmlich an Maslows Behaviorismus.

Die **Humanistische Psychologie** als 3. Kraft der Psychotherapie versteht sich als Alternative zu den beiden anderen Strömungen der Psychotherapie. Ruth Cohn ist aus dem Kreis der HP nicht wegzudenken. Sie wurde von Kollegen angeregt und hat ihrerseits deutlich die HP beeinflusst und so zur Akzeptanz der Ganzheitlichkeit des Menschen (Leib und Seele) beigetragen. Dennoch ist TZI nicht Teil der HP, insofern sie nicht als Therapieform angesehen werden will.

5. Die drei Axiome der TZI nach Ruth Cohn

Cohn hat für Ihr System der **themenzentrierten Interaktion** drei Axiome zugrunde gelegt (zitiert nach R. Cohn):

1. Der Mensch ist eine psycho-biologische Einheit. er ist auch Teil des Universums. Er ist darum Autonom und interdependent. Autonomie (Eigenständigkeit) wächst mit dem Bewusstsein der Interdependenz (Allverbundenheit). Menschliche Erfahrung, Verhalten und Kommunikation unterliegen interaktionellen und universellen Gesetzen. Geschehnisse sind keine isolierten Begebenheiten, sondern bedingen einander in Vergangenheit, Gegenwart und Zukunft.
2. Ehrfurcht gebührt allem Lebendigen und seinem Wachstum. Respekt vor dem Wachstum bedingt bewertende Entscheidung. Das Humane ist wertvoll; Inhumanes ist wertebedrohend.
3. Freie Entscheidung geschieht innerhalb bedingender innerer und äußerer Grenzen. Erweiterung dieser Grenzen ist möglich. Unser Maß an Freiheit ist, wenn wir gesund, intelligent, materiell gesichert und geistig gereift sind, größer, als wenn wir krank, beschränkt oder arm sind und unter Gewalt und mangelnder Reife leiden. Bewusstsein unserer universellen Interdependenz ist die Grundlage humaner Verantwortung.

Grundlage ist also die Annahme einer umfassenden wechselseitigen Abhängigkeit der Individuen voneinander. Das unreife Individuum existiert in einem dichten Netz von Regeln, Normen und Wertauffassungen, die ihm aber nicht bewusst sind; es erfüllt gewissermaßen 'bewusstlos' die Erwartungen seiner Umgebung, der Gesellschaft. Seine Handlungen sind reaktiv, somit auch manipulierbar. Im Konfliktfall sind aktive, zielgerichtete Handlungen nur Zufallsergebnis, grundsätzlich überwiegt aber eine fatalistische Einstellung.

Der Prozess der Reifung des Individuums kann dann als zunehmende Einsichtnahme in dieses netz von Regeln, Normen und Werthaltungen beschrieben werden; aus dem bewusstlosen Handeln wird ein zielgerichtetes, selbstbestimmtes, 'bewusstes' Agieren des Individuums im Rahmen der Möglichkeiten, die tatsächlich vorhanden sind. Dabei ist 'Möglichkeit' im existenzialistischen Sinn zu verstehen: Es ist möglich was man erwartet oder selbst entwirft. Wesentlich ist, dass Möglichkeiten überhaupt denkbar sind, bzw. im Zuge der Reifung denkbar werden.

6. Die beiden Hauptregeln
Aus den drei Axiomen leitet Cohn ein Netz von „Verhaltensregeln" ab. Dies ist hier deshalb in Anführungszeichen gesetzt, weil deutlich werden soll, dass Regeln auf dem Hintergrund der Axiome kein Korsett für eine Gruppe sein können, sondern vielmehr Wegmarkierungen, Stützen im Gruppenprozess sind.

Die beiden zentralen Postulate sind (Zitiert nach Cohn):
Sei Dein eigener Chairman (Ich entscheide, welche Verantwortung ich übernehmen werde!)
und
Störungen Vorrang geben (Kein Lerngegenstand darf das Humane unterdrücken)

7. Die Hilfsregeln
Um diese beiden zentralen Postulate ranken sich Hilfsregeln, die nach Cohn fast immer nützlich bzw. situationsspezifisch sind. Wichtig ist, dass die Hilfsregeln taktvoll und nicht diktatorisch angewandt werden. Jede Regel kann ad absurdum geführt werden. (vgl. Cohn 1975)
Gemeinsam haben die Hilfsregeln das Ziel, die Verantwortung der einzelnen Teilnehmer in der Gruppe zu verdeutlichen und zu unterstreichen.
Sie sind Hilfestellungen, die der Verwirklichung der Postulate dienen und Erfahrungsgemäß in interaktionellen Gruppen nützlich sind. Sie sind jedoch keine absoluten Größen. Ihre Verabsolutierung ist Missbrauch und dient dem Geist, den sie bekämpfen möchten. (vgl. Cohn 1975)

1. Vertritt dich selbst in deinen Aussagen; sprich per „ICH" und nicht per „WIR" oder per „MAN"
2. Wenn du eine Frage stellst, sage, warum du fragst und was deine Frage für dich bedeutet. Sage dich selbst aus und vermeide das Interview.
3. Sei authentisch und selektiv in deinen Kommunikationen. Mache dir bewusst, was du denkst und fühlst, und wähle, was du sagst und tust.
4. Halte dich mit Interpretationen von anderen so lange wie möglich zurück. Sprich stattdessen deine persönlichen Reaktionen aus.
5. Wenn du etwas über das Benehmen oder die Charakteristik eines anderen Teilnehmers aussagst, sage auch, was es dir bedeutet, dass er so ist, wie er ist (d.h. wie du ihn siehst)
6. Sei zurückhaltend mit Verallgemeinerungen

7. Seitengespräche haben Vorrang. Sie stören und sind meist wichtig. Sie würden nicht geschehen, wenn sie nicht wichtig wären (Vielleicht wollt ihr uns erzählen, was ihr miteinander sprecht?)
8. Nur einer zu gleichen Zeit bitte!
9. Wenn mehr als einer gleichzeitig sprechen will, verständigt euch in Stichworten, über was ihr zu sprechen beabsichtigt

(vgl. Cohn in Baus/Jacobi 1976)

8. Das Erste Postulat

Chairman ist hier nicht übersetzbar, da es einerseits "*Leiter meiner selbst*" und andererseits "*Vertreter der Interessen aller in der Gruppe*" bedeutet. Das Individuum wird als Konglomerat von verschiedenen Bedürfnissen, Wünschen und Bestrebungen angesehen.

Chairman meiner selbst sein bedeutet also meine körperlichen Empfindungen, meine Wahrnehmungen, Fantasien, Urteile, Wertungen, meine wechselnden Gefühle bewusst wahrzunehmen und als Teil meiner selbst zu akzeptieren. Das 'Ich soll' gegen das 'Ich möchte' abzuwägen.

Chairman der Gruppe sein bedeutet zu versuchen, andere möglichst vorurteilsfrei wahrzunehmen, ihnen ebenso wie sich selbst Gefühle, Empfindungen etc. zuzugestehen, auch dann, wenn diese von den eigenen verschieden sind. Es bedeutet aber nicht, sich von vornherein selbst zu beschränken aus Rücksicht auf andere Gruppenmitglieder - diese sind ebenfalls ihr eigener Chairman.

Das Chairman-Postulat hebt die Fähigkeit des Individuums hervor, sich selbst zu leiten oder zu organisieren. Aber auch Verantwortung für sich selbst zu übernehmen, darüber hinaus auf Verantwortung für andere zu übernehmen, wenn ihm diese übertragen wird.

Es ist ein Balance-Akt zwischen Autonomie und Interdependenz – Eigenständigkeit und Hinschauen auf die Bedürfnisse anderer.

Es geht aber auch um ein Ausbalancieren von kognitiven, emotionalen, sozialen und praktischen Fähigkeiten und Bedürfnissen eines jeden selbst. Prioritäten setzen und sich entscheiden ist das bewusste Steuern von Autonomie und Interdependenz.

Jedoch: Entscheidungen stehen nie für sich alleine. Immer gibt es die Wechselbeziehung zwischen INNEN und AUSSEN, ICH und DU, ICH und die ANDEREN oder ICH und die SACHEN.

Dieses Eingebundensein verlangt ständiges Abwägen. WER oder WAS soll jetzt Vorrang haben und WER oder WAS als nächstes, WAS soll vernachlässigt werden?

4.2 Lesetext 2 Herbert Gudjons: Die themenzentrierte Interaktion

Ein Weg zum persönlich bedeutsamen Lernen. In: Pädagogik 1995, Nr. 11, S. 10-13.

[10] Man muss nicht lange nach Alternativschulen suchen, um ein didaktisches Konzept auszumachen, das lebendig ist, das die Interessen der Schüler, ihre Gefühle, die soziale Beziehungen in der Lerngruppe und persönlich wirklich bedeutsame Themen einschließt. Kurz: das Ich (der einzelne Lernende), das Wir (die klasse oder Lerngruppe) und das Es (das Thema, der Inhalt des Unterrichts) stehen ausgewogen in Balance.

Was heißt Lebendiges Lernen nach der Themenzentrierten Interaktion?

Die TZI wurde begründet von Ruth Cohn, geboren 1912 in Berlin, emigriert als Jüdin in die USA, heute in der Schweiz lebend. Beseelt von dem humanistischen Anliegen, die Prinzipien der Psychoanalyse weiter zu entwickeln, nach der Erfahrung des Nationalsozialismus für eine menschliche, politische und pädagogische Praxis eintreten, schuf sie ein Modell, das Lernen an die Person des Lernenden bindet, Lebendigkeit, persönliches Wachstum und bezug zur Gesellschaft vereint. Ich habe Ruth Cohn in mehreren Seminaren erlebt und mich seitdem intensiv mit TZI beschäftigt. Für mich bedeutet dieses Konzept eine große Hoffnung und Chance zur Humanisierung und Demokratisierung von Schule und Unterricht.

Ursprünglich für die Therapie entwickelt, hat sich das Modell der TZI inzwischen längst weiter gestaltet: es wird heute in der Wirtschaft ebenso angewendet wie in der kirchlichen, gewerkschaftlichen und politischen Bildungsarbeit und natürlich in der Schule. In einer der bekanntesten Didaktiken der Gegenwart (Wolfgang Schulz 1980) hat es inzwischen grundlegende Relevanz gewonnen. Immer geht es um die Gleichgewichtigkeit von Sachbezug und Beziehungsebenen unter lernenden und arbeitenden Menschen.

TZI ist keine Technik, die schnell den Unterricht verändert. Ich möchte darum einige – grundlegende – Voraussetzungen nennen. Lebendiges Lernen heißt nämlich:

1 Eigenständigkeit und Verbundenheit respektieren (Axiome)

Um das Gesamtkonzept zu erklären, stelle ich ihnen zunächst das sogenannte TZI-Haus vor (siehe Abbildung auf dem Thesenpapier). Es beschreibt bildlich das gesamte System. (...).

[11] Beginnen wir ganz unten. Basis des TZI-Hauses sind grundlegende Werteentscheidungen (Axiome), die der Legitimation des Ganzen dienen. Die Axiome bewahren uns davor, das System als eine technische Trickkiste mitzuverstehen. Die Axiome stellen die wertgebundene, also ethische Ausgangsbasis für lebendiges Lernen dar. Axiome sind Grundsätze, die ohne weiteren Beweis einleuchten.

Ruth Cohn hat sie so formuliert.

Erstes Axiom: „Der Mensch ist eine psycho-biologische Einheit. ER ist auch Teil des Universums. ER ist darum autonom und interdependent. Autonomie (Eigenständigkeit) wächst mit dem Bewusstsein der Interdependenz (Allverbundenheit).

Kommentar: Das klingt gewaltig philosophisch. Für die Schule bedeutet es ganz einfach: Unsere Schüler und Schülerinnen sind freie Menschen (auch beim Lernen!), jeder hat seine eigenen Erfahrungen mit Lernen; jede und jeder ist letztlich für sich verantwortlich. Und: Jede und jeder ist mit anderen verbunden, mit den Klassenkameradinnen, der Schul-Umwelt, der Stadt, der Gesellschaft, der Kultur des Abendlandes, aber auch mit allen Menschen dieser Erde, ja mit dem Kosmos. Lernen ist autonom und interdependent: Schülerinnen und Schüler bestimmen selbst ihre Lerngesetze und wachsen dabei persönlich in dem Maße, in dem sie in den Abhängigkeiten und Verbundenheiten ihres Lebens Verantwortung übernehmen.

Zweites Axiom: „Ehrfurcht gebührt allem Lebendigem und seinem Wachstum. Respekt vor dem Wachstum bedingt wertende Entscheidungen. Das Humane ist wertvoll, Inhumanes ist wertbedrohend."

Kommentar: Wieder hohe Sätze. Aber haben Sie schon einmal bedacht, was „lebendiges Wachstum" bei Ihren Schülern und Schülerinnen eigentlich heißt? Unsere gesamte abendländische Kultur fördert einseitig Intellekt und Verstand, die emotionalen und körperbezogenen Seiten des jungen Menschen bleiben weitgehend unberücksichtigt. Sie gelten als nebensächlich. „Ehrfurcht" der Lehrenden vor den Lernenden – und umgekehrt -, das klingt wie ein Wunschtraum für unsere heutige Schule. Und doch: Gerade schulisches Handeln ist eingebunden in die Wert- und Sinnhaftigkeit des menschlichen Lebens, darauf zielt dieses Axiom.

Drittes Axiom: „Freie Entscheidung geschieht innerhalb bedingender innerer und äußerer Grenzen. Erweiterung dieser Grenzen ist möglich."

Kommentar: Wer als Lehrer oder Lehrerin die einschränkenden Bedingungen der Schule hinnimmt, hat sich entschieden; aber Grenzen sind erweiterbar, Spielräume können entdeckt und genutzt werden, das gilt für die Innenseite unserer Person ebenso wie für die äußeren Verhältnisse. Ruth Cohn hat es so formuliert: „Ich bin nicht ohnmächtig, ich kann nicht gar nichts. Ich bin nicht allmächtig, ich kann nicht alles. Ich bin teilmächtig: Ich kann, was ich kann". Dieses „optimistische" Axiom ist Grundlage für unsere politisch-humane Verantwortung und damit auch für eine innovative Unterrichtspraxis. Diese grundlegenden Axiome werden sehr schnell praktisch in zwei Postulaten, die die Arbeit mit TZI in Gruppen bestimmen. Damit sind wir in der zweiten Ebene des TZI-Hauses: den methodischen Prinzipien der Interaktion. Lebendiges Lernen heißt also weiter:

2 Verantwortung ermöglichen, Störungen zulassen (Postulate)

Das erste Postulat: „Sei dein eigener Chairman", sei die Chairperson deiner selbst. Mache dir deine innere und äußere Wirklichkeit bewusst. Benützte diene Sinne, Gefühle, gedanklichen Fähigkeiten und entscheide dich verantwortlich von deiner Perspektive her"

Kommentar: In vielen Gruppen und Schulklassen besteht eine unausgesprochene Erwartungshaltung, der Leiter oder der Lehrer sei für das Wohlbefinden aller verantwortlich. Das Chairperson-Postulat durchkreuzt genau diese Erwartungshaltung. Sowohl für die einzelne Lehrperson, aber auch – dem Alter und Reifegrad angepasst – für Schüler und Schülerinnen gilt: Sei dein eigener „vorsitzender"; nimm deine innere und äußere Welt wahr, deine Autonomie und deine Bindungen im Umfeld (Zum Beispiel der Lerngruppe), - und handele verantwortlich aus beiden Perspektiven. Wäge Entscheidungen sorgfältig ab, niemand kann dir deine Entscheidungen abnehmen.

Blauäugig wäre es allerdings, wollte man mit dem Chairperson-Postulat die Unterschiedlichkeit der Rollen von Lehrer und Lehrerin sowie Schüler und Schülerinnen prinzipiell aufheben. Das heißt aber nicht, dass sich die Rollen durch TZI nicht verändern ließen: Der Lehrer wird sich vom „Instrukteur" zum „Lernberater" entwickeln, und der Schüler wird zunehmend die Rollenanteile eines Vorsitzenden selbst übernehmen. Die starre Komplementarität der rollen kann mit Hilfe des Chairperson-Postulats aufgelockert und in Richtung wachsender Symmetrie verändert werden.

Das zweite Postulat: „Störungen und Betroffenheit haben Vorrang. Beachte Hindernisse auf deinem Weg, deine eigenen und die von anderen; ohne ihre Lösung wird Wachstum verhindert oder erschwert."

Kommentar: Störungen schaffen sich immer ihr Recht, egal ob Lernende oder Lehrende dies wollen oder nicht. Normalerweise werden Störungen möglichst unterdrückt, in der TZI werden sie ernst genommen. Denn: Wenn jemand zerstreut, abgelenkt, gelangweilt, verärgert, von persönlichen Belastungen betroffen oder aus einem andern Grund nicht „dabei" ist, verliert nicht nur er selbst den Kontakt [12] zum Lern- und Gruppenprozess, sondern geht auch als aktives Mitglied der Gruppe verloren. Wer aus irgendeinem Grund nicht beim Thema sein kann, darf dies aussprechen. Oft reicht das schon aus, um den Anschluss wieder zu gewinnen. Manchmal braucht die Bearbeitung einer Störung aber auch mehr Zeit, in der Regel ist dies aber keine verlorene Zeit, weil die Gruppe danach umso intensiver zusammenarbeitet. Artikulierte Störungen durch die Lernenden können für Lehrerinnen aber auch wichtige Hinweise für Fehler in der Unterrichtsvorbereitung sein!

Damit das Äußern von Störungen nicht zu Dauerunterbrechungen führt, ist auch ihrer wieder an die Verantwortung aller Teilnehmenden zu erinnern. Auch dieses Postulat muss sehr behutsam eingeführt und als ein Angebot verstanden werden, denn ein solcher konstruktiver Umgang mit Störungen wird als neu und ungewohnt erlebt. Die bisher beschriebenen Axiome und Postulate münden nun in ein anschauliches Modell für das zentrale Arbeitsprinzip der TZI. Lebendiges Lernen heißt:

3 Das Lerndreieck balancieren (Lernmodell)

Ein Kardinalfehler des traditionellen Unterrichts ist, fast ausschließlich das ES (die Sache, das Thema, den Stoff) zu beachten. In der TZI wird zwar das ES durchaus wichtig genommen, aber genauso das ICH und das WIR. Lernen in der Interaktion lässt sich als eine Dreieck mit drei gleichberechtigten Spitzen darstellen: Das ICH (jede einzelne Person und ihre Eigenart), das WIR (die Gruppe, ihre Mitglieder und Beziehungen= und das ES (nicht das Freudsche Trieb-Es). Dieses Dreieck hängt aber nicht in der Luft, sondern wird von einem Kreisumschlossen, dem GLOBE: das nahe und ferne Umfeld einer Gruppe oder Klasse.

Didaktisches Anliegen dieses Modells ist nun, die drei Spitzen in einer dynamischen Balance zu halten. Das heißt: Die Lehrperson (und zunehmend auch die Lernenden) sorgen dafür, dass jede Spitze angemessen zur Geltung kommt:

Liegt der Akzent längere Zeit einseitig auf dem Es, dann ist die Klasse auf dem Weg zur Stoffhuberei, es geht nur noch um das inhaltliche Lernen.

Wird aber das WIR einseitig über längere Zeit unangemessen in den Vordergrund gerückt, dann droht aus einer schulischen Lerngruppe eine gruppendynamische Selbsterfahrungsgruppe zu werden.

Wird hingegen das ICH unangemessen akzentuiert, dann kippt das Lernen um in Richtung Einzeltherapie in der Gruppe.

Wird schließlich der GLOBE nicht beachtet, das heißt nach den ermöglichenden und einschränkenden Bedingungen und Einflussfaktoren dieser konkreten Lerngruppe gefragt, dann schmeißen Lehrer und Schüler schnell wieder die Flinte ins Korn und stellen resigniert fest: TZI geht eben in der Schule doch nicht. (...)

Das ES ist der inhaltliche Bezugspunkt, wobei das Thema des Unterrichts einem Haus mit vielen Türen gleicht: Jeder Lernende soll seine Tür finden. Der Unterricht muss daher vor allem in der Einstiegsphase besonderen Raum dafür lassen. Das bedeutet freilich nicht, ein Sachthema in lauter subjektive kleine Teil-Ansichten aufzulösen oder es zu psychologisieren. Die Sachstruktur des Themas behält ihr Recht: Dreisatz bleibt Dreisatz, und Englisch kann man nicht ohne Grammatik lernen.

Den GLOBE einbeziehen heißt: Die realen Bedingungen der Lerngruppe (vom Raum, der Zusammensetzung, der Zeit bis ihn zu Außenerwartungen durch Schulleitung. Lehrplänen etc) ernst nehmen, aber auch im Bewusstsein der Mitglieder aufsuchen. (...)

Man sieht sehr leicht, dass die Lehrerperson einen partizipativen Leitungsstil verwirklichen wird, es um diese dynamische Balance geht. Das Ganze lässt sich auch (wie in der dritten Ebenen des TZI-Hauses angedeutet) darstellen als ein ausgewogenes Verhältnis von Struktur des Themas und seiner Bearbeitung (hier ist die Lehrperson mit ihrem gesamten didaktischen und methodischen Repertoire gefragt), Prozess (der Gruppe, also ihrer Entwicklung von Anfang bis Ende) und Vertrauen (sich angenommen fühlen, ehrlich und konstruktiv in der Konfliktbearbeitung zu sein, eine Atmosphäre, die es erlaubt, auch Fehler zu machen). Damit sind wir auf der vierten Ebene des TZI-Hauses. Lebendiges Lernen heißt schließlich:

4 Die Kommunikation pflegen (Hilfsregeln)

Das gesamte System, insbesondere die Postulate, werden nun schließlich durch eine Reihe von Hilfsregeln konkretisiert. Auch die Hilfsregeln sind keine Gesetze und keine Dogmen. Sie erleichtern aber das Angebot einer wachstumsfördernden zwischenmenschlichen Kommunikation. Die in der Praxis geläufigsten und bewährten Hilfsregeln:

„Vertritt dich selbst in denen Aussagen; sprich per Ich und nicht per Wir oder Man.

IN der Tat, ich kann nie für einen anderen sprechen: Meine Fragen sind meine, meine Wahrnehmungen sind meine, meine Kritik ist meine. Nicht selbstbezogener Egoismus ist gemeint, sondern der Mut, mich nicht hinter verallgemeinernden Aussagen zu verstecken, - besser selbstverantwortliche Aussagen zu machen. Vor allem wenn es um Ich- und Wir-bezogenen Aussagen geht. Also: Statt „man fühlt sich in dieser Klasse doch recht verloren", besser „ich fühle mich hier sehr allein".

„Wenn du eine Frage stellst, sag, warum du fragst und was diene Frage für dich bedeutet. Sage dich selbst aus und vermeide das Interview"

Fragen sind oft Vermeidungsspiele, um die eigenen Ansichten oder Erfahrungen nicht offen aussprechen zu müssen. Viele „dumme" und zeitraubende Fragen können vermieden werden, wenn sich jeder überlegt, warum er jetzt diese Frage stellt und warum sie ihm wirklich wichtig ist. Eine Aussage hingegen regt die anderen auch zu eigenen Aussagen an, die persönliche Kommunikation kommt in Gang.

„Halte dich mit Interpretationen von anderen so lange wie möglich zurück. Sprich stattdessen deine persönlichen Reaktionen aus"

Interpretationen („Das tust du doch nur, weil du so rechthaberisch bist") – zumal von anderen ungewünscht- rufen beim Gegenüber meist eine defensive Haltung

[13] hervor. Das hemmt die partnerschaftliche Kommunikation. Ich sage also besser: „Mich stört es, wenn du meine Argumente einfach vom Tisch wischst. Ich habe mir meine eigenen Gedanken gemacht und möchte dich bitten, diese ernst zu nehmen." Das kann die Lehrkraft sagen, kann aber auch ein Schüler äußern.

„Wenn mehr als einer gleichzeitig sprechen will, verständigt euch in Stichworten, über was ihr zu sprechen beabsichtigt"

Das ist ein Schlag gegen die üblichen schulischen Melderituale. Aber wenn Schüler und Schülerinnen gelernt haben, ohne Formalitäten, nur aufgrund von Rücksichtnahme und Verständigung, den eigenen Beitrag zu leisten, wird in der Klasse eine Atmosphäre gegenseitiger Achtung und Toleranz herrschen, die jeden Besucher beeindruckt und alle Beteiligen sehr befriedigt. Übrigens sollte die Lehrkraft ab und zu dazu ermuntern, gerade Seitengespräche einzubringen: Sie enthalten oft wichtige Gedanken zum Thema, die nur zwei austauschen wollten (und wenn es um Abwegiges ging, macht das auch nichts, aber beide sind ohne Strafe wieder dabei).

„Vor allem für die Lehrkraft: Sei authentisch in deinen Äußerungen, aber sage nicht alles, was du denkst"

Ruth Cohn hat dies das Prinzip der „selektiven Authentizität" genannt: Was du sagst, soll echt sein, aber du musst nicht immer dein Herz auf der Zunge tragen.

„Werde wach für deine Gefühle. Sie gehören zu deinem Wert und zu deiner Wichtigkeit. Sie sind gültig für dich und deinen jeweiligen Augenblick. Sie sind deine Energiespeicher"

Lebendiges Lernen wird gefördert, wenn alle Beteiligten nicht nur auf ihre Gedanken und Äußerungen achten, sondern auch ihre Gefühle und aufsteigenden Impulse wahrnehmen und, wo es passt, auch mitteilen. Zur gemeinsamen Sprache gehören ebenso Begeisterung, Freude, Sympathie wie Ärger, Wut, Langeweile oder Angst. Wie viel Energie wird vergeudet, wenn wir unsere Gefühle unter einem Deckel halten müssen, statt sie als Kraftquelle für das gemeinsame Anliegen zu nutzen oder sie auszudrücken, wo sie die konstruktive Arbeit hindern. Oft hilft es, auf die Signale des Körpers zu achten: Unser Körper spürt schneller, was los ist, als unser Geist. Damit ist die Gleichgewichtigkeit von Körper- und Wortsprache gemeint.

4.3 Lesetext 3 Eckwerte Interkulturalität

Reform der sächsischen Lehrpläne
Eckwerte Interkulturalität
Comenius-Institut im Juni 2004

Vorbemerkung

Das vorliegende Papier richtet sich an Lehrer, an Gestalter der Lehrpläne, an Mitarbeiter der Schulaufsicht, an Ausbilder sowie die Fort- und Weiterbildner in den mit der Lehrerbildung betrauten Einrichtungen im Freistaat Sachsen. Es wird von einem Verständnis von Interkulturalität ausgegangen, welches nicht nur nationale und kulturelle, sondern auch religiöse, ethnische und soziale Unterschiede betrachtet. Interkulturalität ist nicht an das Vorhandensein von Migranten geknüpft.

1 Einführung

Die Verpflichtung und Notwendigkeit, jungen Menschen schon früh den Umgang mit dem Eigenen und dem Fremden sowie mit Verschiedenheit als alltäglicher Erfahrung zu vermitteln und somit auch zu deren Identitätsfindung beizutragen, ergibt sich bereits aus Artikel 3 des Grundgesetzes: *„Niemand darf wegen seines Geschlechtes, seiner Abstammung, seiner Rasse, seiner*

Sprache, seiner Heimat und Herkunft, seines Glaubens, seiner religiösen oder politischen Anschauungen benachteiligt oder bevorzugt werden."

Schule muss diese Aufgabe im Rahmen ihres Erziehungs- und Bildungsauftrages erfüllen; da sich unsere Gesellschaft zunehmend verändert. Dazu tragen sowohl unsere jüngste Vergangenheit aber auch die Globalisierung, neue technologische Entwicklungen, die Erweiterung der EU sowie die Migration und die Mobilität bei. Erfahrungen von Verschiedenheit gehören zunehmend zum Alltag aller Menschen. Wir benötigen deshalb eine interkulturelle Bildung und Erziehung, die einerseits Fremdheitserfahrungen und Perspektivwechsel thematisiert, für die Schüler begreiflich macht und ihnen zum situationsangemessenen und adressatenorientierten Handeln verhilft und die andererseits zu größerer Chancengerechtigkeit beiträgt.

Als Orientierungsrahmen für Interkulturalität in der Schule dient die 1996 erschienene KMK-Empfehlung, die Interkulturalität als übergeordnete und allgemeine schulische Aufgabe versteht. Sie wird als Querschnittsaufgabe aller an Schule Beteiligter betrachtet.[2]

2 Begriffsbestimmung

Wir gehen heute von einem Verständnis von Interkulturalität aus, welches die Herausbildung angemessener Handlungsfähigkeiten im Sinne des Grundgesetzes meint. Es geht um Akzeptanz von Verschiedenheit, Ausbildung entsprechender Haltungen und Aneignung von Fähigkeiten zu Perspektivwechsel, Interessenausgleich und Empathie. Mit ihrer Hilfe sollen Mechanismen offengelegt werden, nach denen etwas als eigen oder fremd empfunden wird.[3]

Jeder muss Verschiedenheit als solche erleben, verstehen, deuten, schätzen können und unter Umständen aushalten lernen. Mit „interkulturell" wird angezeigt, dass es um die Befähigung jedes Einzelnen zur Anerkennung und zur Teilhabe an der Gesellschaft geht, die ethnisch, kulturell, sprachlich, religiös und sozial heterogen ist.

3 Ziele und Inhalte der Interkulturalität

In einer pluralen, demokratischen Gesellschaft benötigt der Einzelne interkulturelle Kompetenz. Er muss Verschiedenheit als „Normalfall" anerkennen können, praktische Fähigkeiten zum selbstbestimmten und solidarischen Handeln in heterogenen Lebensbedingungen besitzen und Strategien be-

---

[2] Empfehlung der Kultusministerkonferenz vom 25.10.1996: „Interkulturelle Bildung und Erziehung in der Schule."

[3] Mit den Begriffen ‚eigen' und ‚fremd' wird auf die zugeschriebene oder tatsächliche Zugehörigkeit von Menschen zu Gruppen angespielt. Der Verweis auf ‚das Andere' oder ‚Verschiedenheit', ‚Pluralität' nimmt Bezug darauf, dass die Zugehörigkeit zu Gruppen keineswegs stabil und statisch ist. Jeder Mensch vereint in sich eine Summe verschiedenster ‚Zugehörigkeiten', die nicht alle zu jeder Zeit gleichermaßen wichtig sind (vgl. hierzu Gogolin, I. Krüger-Potratz, M., Einführung in die Interkulturelle Pädagogik. In Vorbereitung: UTB, Ende 2004.

herrschen, mit denen Konflikte gewaltfrei und argumentativ bewältigt werden können.

Interkulturalität greift in alle Lebensräume ein. Sie erfordert deshalb die kritische Überprüfung und Veränderung von Deutungs- Argumentations- und Handlungsmustern, Einstellungen und Haltungen bei allen am Bildungsprozess Beteiligten. Sie fordert und fördert bei Lehrern die Fähigkeit zur Kooperation auch über die eigene Schule hinaus.

Interkulturalität verlangt von den Lehrern die Fähigkeit, sprachliche und kulturelle Potenzen in der Schülerschaft zu erkennen und zu fördern. Es geht darum, moderierend und ermutigend die in der Schülerschaft vorhandenen sprachlichen und kulturellen Potenzen zum Nutzen aller auszubauen. Ferner wird angestrebt zu ermitteln, ob Schüler durch ihren sprachlichen, ethnisch-kulturellen, religiösen und sozialen Hintergrund benachteiligt werden, um zum Abbau solcher Benachteiligungen beizutragen.

Interkulturalität kann hinsichtlich des Wissenserwerbs, der Kompetenzentwicklung und der Werteorientierung in besonderem Maße zur Persönlichkeitsentwicklung beitragen.

Der Schüler erwirbt

- Wissen über die Entstehungszusammenhänge und Entwicklungen der Vorstellungen

von „kultureller und sprachlicher Normalität" in Deutschland

- Wissen über unterschiedliche Traditionen und Weltanschauungen innerhalb einer Gesellschaft

und zwischen verschiedenen Gemeinschaften

Wissen über Mehrsprachigkeit und Sprachverschiedenheit in der Gesellschaft

- Wissen über Ursachen für Heterogenität in der Gesellschaft

- Wissen über politische und rechtliche Konsequenzen von EU-Erweiterung, Migration und Globalisierung

Der Schüler entwickelt

- Fähigkeit zur reflektierten Auseinandersetzung mit Selbst- und Fremdbildern

- Fähigkeit, mit Verschiedenheit gelassen umzugehen und sie als individuelle und gesellschaftliche Bereicherung zu betrachten

- Fähigkeit, adressaten- und situationsgerecht zu handeln

- Fähigkeit zur Entwicklung von Problemlösungsstrategien, zur Vermittlung und diskursiven

Auseinandersetzung in Konfliktkonstellationen, die sich auf Grund sprachlich-kultureller, religiöser , ethnischer und sozialer Heterogenität ergeben.

Der Schüler entwickelt

- Identität und die Grundhaltung der Anerkennung des Anderen

- Akzeptanz von alltäglicher Sprachverschiedenheit

- Sensibilität für gesellschaftliche Benachteiligung, die Menschen auf Grund von „Anderssein" erfahren können
- Solidarität mit „Eigenem und Fremdem"
- Bereitschaft zur Zivilcourage
- Bereitschaft zur Mitgestaltung einer gegenüber Differenzen offenen Lebenswelt.

Diese Ziele gelten für jede Schulart und Schulstufe. Für die Ziele interkultureller Bildung und Erziehung wird keine spezielle systematische Progression entwickelt. Die Ziele werden erreicht durch das Zusammenspiel von Affektivem und Sozialem mit Kognitivem und Reflexivem. Dies gilt für jedes Anspruchsniveau, auf dem Ziele interkultureller Bildung und Erziehung angesiedelt sein können. Welche Ausschnitte jeweils behandelt werden können oder sollen, richtet sich nach der Thematik des jeweiligen Lernbereiches oder Faches. Sie sind immer an den jeweiligen Gegenstand gekoppelt. Die Erreichbarkeit der Ziele hängt ab von der altersangemessenen, den Stand der Kenntnisse und Erfahrungen der Kinder und Jugendlichen berücksichtigenden inhaltlichen und methodischen Gestaltung. Es werden keine expliziten Inhalte ausgewiesen.

4 Verbindlichkeit und Bedingungen

Verbindlichkeit

Interkulturelle Bildung und Erziehung ist verbindlich für alle Schularten und Klassen- bzw. Jahrgangsstufen. Möglichkeiten der Verortung der Interkulturalität im Lehrplan:
- Ziele und Aufgaben der Schulart
- Ziele und Aufgaben des jeweiligen Faches
- spezielle fachliche Ziele der jeweiligen Klassen-/Jahrgangsstufe
- Ziele und Inhalte des jeweiligen Lern- oder Handlungsbereichs.

Darüber hinaus bietet das fachübergreifende und fächerverbindende Arbeiten weitere Ansätze.

Bedingungen

Da interkulturelle Bildung und Erziehung als eine die gesamte Schule durchdringende Aufgabe aufzufassen ist, ergeben sich aus ihr Kriterien für die Schulentwicklung und zugleich für die Überprüfung von Schulqualität. Dazu gehört die Gestaltung eines für Verschiedenheit offenen Schulklimas, das die in ihr liegenden Ressourcen und Chancen anerkennt und nutzt.

Für das Lernen und das soziale Miteinander kann es sich positiv auswirken, wenn Interesse an der Entdeckung und Förderung von Potentialen und besonderen Kompetenzen gezeigt wird, die Schüler auf Grund ihrer spezifischen sprachlich-kulturellen Lebenserfahrung einbringen. Auch die Gestaltung von Gebäuden und Räumen kann dazu beitragen.

Verschiedenheit muss als Grundbedingung in jeder Unterrichtssituation akzeptiert werden. Es sind Maßnahmen zu etablieren, die generell – also in jedem Bereich der Schule und in jedem Unterrichtsfach bzw. Handlungsbereich in berufsbildenden Schulen – auf adäquates Umgehen mit dieser Bedingung gerichtet sind. Möglichkeiten der internationalen Bildungskooperation bieten ein Praxisfeld für Interkulturalität.

5 Interkulturalität und Schulentwicklung

In der Diskussion um Schul- und Unterrichtsentwicklung sind unter Einbeziehung von Lehrern, Schülern, Eltern, Schulträgern und anderen Partnern die Ziele von Interkulturalität als eine Perspektive hinsichtlich des pädagogischen Grundverständnisses zu betrachten. Das Schulprogramm ist dabei ein Instrument zur Steuerung und Weiterentwicklung der einzelnen Schule auf der Basis der Analyse von Stärken und Schwächen. Es spiegelt das Selbstverständnis der Beteiligten wider und enthält Leitlinien für die Entwicklung. Vor diesem Hintergrund können Schwerpunkte der Erziehungs- und Bildungsarbeit, Grundsätze der Zusammenarbeit und der Arbeitsorganisation sowie die vorrangigen Ziele und die in Zukunft damit verbundenen konkreten Vorhaben und Maßnahmen festgelegt werden.

Wie die einzelnen Schulen diese Aufgabe angehen, wird sich je nach Schülerschaft und Umfeld entscheiden. Doch jede Schule sollte bemüht sein, bestimmte **Kernelemente** zu beachten:

Ein solches Kernelement ist ein frühes bzw. differenziertes Angebot nichtdeutscher Sprachen, auch über den etablierten Fremdsprachenkanon hinaus. Dazu gehören Maßnahmen zur Achtung und (schulischen) Förderung der von Kindern und Jugendlichen ‚mitgebrachten' Sprachen. Dabei muss nicht jede Sprache in gleicher Weise präsent sein. Vorstellbar sind Kooperationen mit anderen Bildungseinrichtungen und -initiativen vor Ort. Wichtig ist, dass Schüler Mehrsprachigkeit als gesamtgesellschaftliche ‚Normalsituation' erfahren und lernen, dass es Strategien gibt, sich in dieser ‚Normalsituation' zu orientieren, auch wenn sie nicht jede Sprache beherrschen, der sie begegnen. Weiteres Kernelement ist die Schaffung bzw. Fortentwicklung von Möglichkeiten regionaler und internationaler Bildungskooperationen. Besonders verwiesen sei hier auf die Unterstützung durch die bilateralen Beziehungen des SMK, die Bereitstellung von sächsischen Fördermitteln und auf die Bildungsprogramme der Europäischen Union, z. B. Sokrates und Leonardo, die auf die Verbesserung von Schulqualität, Stärkung der europäischen Dimension, Förderung des Fremdsprachenerwerbs und Herausbildung interkultureller Bewusstheit zielen.

Erreicht werden sollen diese Ziele durch konsequente Nutzung aller Potenzen des Unterrichts, sowie im unterrichtsergänzenden Bereich und durch Mobilitätsmaßnahmen. In diesem Praxisfeld können Schüler erfahren, dass ihre Lebenswelt durch internationale Verflechtung zugleich lokal und global ist, dass neben scheinbar gleichen „weltumspannenden Orientierungen und Konsumgewohnheiten" Alltagserfahrungen in verschiedenen Ländern und Regionen in Abhängigkeit von der „unmittelbaren Lebenswelt durch [...] Sozialisation, soziale Einbindung und weltanschauliche Orientierung" differieren (KMK 1996).

4.4 Lesetext 4 Coaching nach dem Mündener Modell

Kompetenzzentrum in der Ausbildung im Schülercoaching
Berufsbildende Schule Münden 2012

In Hann-Münden haben wir nach Wegen gesucht, wie wir heranwachsende Menschen in ihren individuellen Zielsetzungen bezogen auf Schule unterstützen, wie wir einen wertschätzenden Beziehungskontakt aufbauen und aufrechterhalten, der ein Lernen in einer sicheren und vertrauensvollen Atmosphäre ermöglicht.

Das Mündener Modell mit den beiden Säulen Schülercoaching und Klassenführung betont den gegenseitigen Respekt und die Achtung sich selbst und anderen gegenüber – beides getragen von den Menschenbildannahmen der humanistischen Tradition.

Die Ergebnisse zeigen, dass die individuelle Begleitung der Jugendlichen durch das Lehrerteam einer Klasse in Verbindung mit einer klaren und wertschätzenden Klassenführung das Klassenklima verbessert und die Zufriedenheit der Schülerinnen und Schüler erhöht. Gleichzeitig erzielen die Lernenden bessere Leistungen.

<u>Die Erfolgsfaktoren des Modells im Überblick</u>

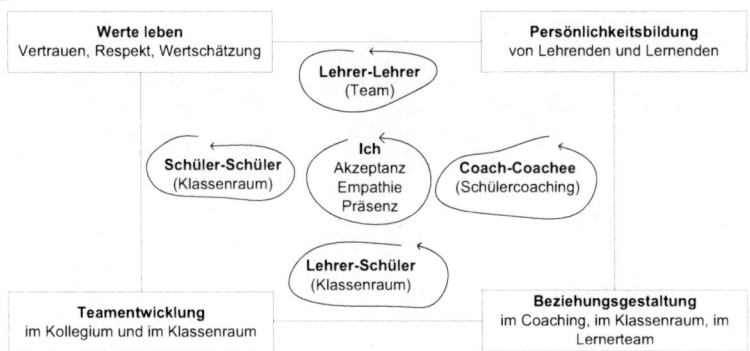

<u>Schülercoaching</u>

Der Begriff „Coach" stammt aus dem englischsprachigen Raum und bedeutet „Kutsche", beschreibt also ein Beförderungsmittel, um von einem Ort zum anderen zu gelangen bzw. um sich auf den Weg zu machen und ein Ziel zu erreichen. (Fischer-Epe, 2002) Coaching als spezifische Form der Beratung meint für uns, unsere Jugendlichen zu „begleiten", sie in der Entwicklung und Förderung ihrer schulischen (und persönlichen) Selbstgestaltungspotenziale zu unterstützen.

Das Besondere am Mündener Modell:
- Das jeweilige Klassenteam bzw. Teile des Teams coachen die ganze Klasse.
- Jeder teilnehmende Schüler führt auf freiwilliger Basis mit einer ebenfalls freiwillig coachenden Lehrkraft alle fünf bis sechs Wochen ein Gespräch. Grundprinzip: Freiwilligkeit!
- Im Vorfeld werden die Schüler per Losverfahren zugeordnet (max. 4 – 5 Schüler je Lehrkraft).
- Das Gespräch ist zielorientiert und folgt einem klar strukturierten Ablauf.
- Das Gespräch dauert 30 bis 45 Minuten.
- Es findet außerhalb des Klassenraumes, in einem Besprechungsraum statt.
- Alle Coaches erweitern Prozess begleitend regelmäßig durch Schulungen ihre Gesprächsführungs- und Beratungskompetenz.

Eine Verzahnung von Schülercoaching und Klassenführung entfaltet nicht nur in einzelnen Klassen positive Wirkungen bezogen auf Unterricht und Unterrichtsatmosphäre. Im Ergebnis erfährt die Schule auf mittlere und längere Sicht eine neue Qualität des Beziehungskontakts und der Persönlichkeitsentwicklung von Lehrkräften und Lernenden.

Unser Coachingverständnis
Der Coachee
Im Coachingprozess aktiviert der Coachee seine eigenen Ressourcen und Möglichkeiten und löst seine Probleme weitgehend selbstständig. Der Jugendliche ist der Experte für sein Leben, seine eigene „Realität"! Er/sie hat seine/ihre Realität erschaffen und nur er/sie kann diese auch verändern.
Der Coach
Der Coach ist in diesem Prozess teilnehmender Beobachter. Er begleitet aus seiner inneren Haltung heraus wertschätzend, akzeptierend und empathisch. Er ist sich bewusst, dass nur der Jugendliche SELBST als Experte für sein eigenes Leben in der Lage ist, den Weg vom Problem zur Lösung zu finden bzw. seine Ressourcen und Möglichkeiten zu entdecken. Der Coach lenkt und strukturiert nur im Ablauf, nicht inhaltlich! Er begleitet den Jugendlichen in seinem Prozess durch aktives Zuhören setzt Gesprächstechniken ein und verzichtet auf Ratschläge und Anweisungen.

Klassenführung
Die Begleitung der Klasse im Coachingprozess durch die bewusste Führung des Klassenteams ist ein weiterer bedeutender Erfolgsfaktor. Wesentliche Elemente einer systematischen Klassenführung sind u. a.
- Erarbeitung eines kollegialen Grundkonsenses vor Schuljahresbeginn.
- Gestaltung des Starts mit der Klasse ins neue Schuljahr.

- Kommunikation der Vereinbarungen und deren Umsetzung mit der Klasse.
- Abgestufte Interventionen zur Unterstützung von Verhaltensveränderungen.
- Klare und wertschätzende Begleitung durch das Schuljahr.

Eine systematische Klassenführung schafft eine sichere und vertrauensvolle Atmosphäre, die es den Jugendlichen ermöglicht, sich auf den eigenen Lernprozess einzulassen und den Weg der persönlichen Zielerreichung zu beschreiben.

Werte leben
Jede Schule verfügt zwischenzeitlich über ein Leitbild respektive ein Schulprogramm, das die Ziel- und Wertvorstellungen der Schulgemeinschaft konkretisiert. Idealerweise orientieren sich die Mitglieder der Schulgemeinschaft in ihren Tätigkeiten, in ihrem Handeln an dem Leitbild bzw. dem Schulprogramm. Wünschen Sie sich, dass die Werte in ihrem Leitbild von den Mitgliedern der Schulgemeinschaft nicht nur getragen, sondern auch gelebt werden? Was benötigt dieser Schritt?

Das Leitbild der BBS Münden stellt einen Handlungsrahmen für alle an dieser Schule Beschäftigten dar. Als Basis für jegliches Handeln in der Schule gelten dabei von der Schulgemeinschaft für erstrebenswert und fördernd angesehene Werte, die sich aus der Vision der Schule ableiten.

Achtung, Respekt und Höflichkeit, Aufrichtigkeit, Toleranz sowie die Würde des Anderen achtend, sind Werte, im Sinne von Haltungen, die häufig benannt werden und als bereichernd und nützlich für die Schulentwicklung gesehen werden. Doch was genau versteht jede/r Einzelne unter den einzelnen Werten? Wie genau zeigt sich Achtung, Respekt, Toleranz und Aufrichtigkeit in beobachtbarem Verhalten? Wenn wir uns darauf geeinigt haben, wie genau sich Achtung, Respekt, Toleranz und Aufrichtigkeit im Verhalten zeigen, dann ist die Frage zu klären, welche Möglichkeiten der Schulgemeinschaft zur Verfügung stehen, diese Verhaltensweisen tagtäglich zu leben?

Die Implementierung des Mündener Modells unterstützt die Organisation Schule, die im Leitbild verankerten Grundhaltungen in den Alltag zu transportieren. Dies meint konkret: Der Erfolg des Mündener Modells fußt zu allererst auf der Haltung der einzelnen Lehrkraft. Diese Haltung respektive die eigene Wertebasis gilt es, sich bewusst zu werden. Eine Verankerung des Modells in Verbindung mit Prozess begleitenden Schulungen für Lehrkräfte zum Aufbau einer Gesprächsführungs- und Beratungskompetenz auf der Basis eines humanistischen Menschenbildes bestimmt die Werte, die es benötigt, um aus der entsprechenden Haltung heraus zu coachen bzw. die Klasse zu führen.

Wirkungen

Das Mündener Modell wurde im Frühjahr 2007 entwickelt. Seit dem Schuljahr 2007/2008 wird es realisiert und fortlaufend evaluiert. Die Ergebnisse des Modellversuchs im Schuljahr 2007/2008 haben gezeigt, dass das Schülercoaching in Verbindung mit einer klaren und wertschätzenden Führung des Klassenteams nachhaltig das Klassenklima verbessert und die Schüler(innen)-Zufriedenheit erhöht. Gleichzeitig erzielen die Lernenden bessere Leistungen. Die Schüler(innen)aussagen verdeutlichen: die Jugendlichen nehmen ihre Ziele in den Blick, aktivieren ihre Ressourcen und richten diese auf ihr Ziel hin aus. Somit ist es nicht verwunderlich, dass die Implementierung des Modells nachweislich auch die Lehrerzufriedenheit erhöht.
(Evaluationsergebnisse im Detail: Fischer, Albert: Coaching in berufsbildenden Schulen, 2008)

In der Verknüpfung der Elemente Schülercoaching und Klassenführung liegt insgesamt eine große Chance für einzelne Schülerinnen und Schüler, die Klassengemeinschaft, das Lehrerteam, die Schulgemeinschaft und letztendlich auch für den Schulentwicklungsprozess an Schulen.

Eine systematische Implementierung des Modells
- ermöglicht den Jugendlichen, die Euphorie und die Motivation zu Beginn des Schuljahres aufrecht zu erhalten. Hiermit ist konkret gemeint: Das zu Beginn des Jahres vage umrissene Ziel bewusst werden zu lassen und präsent zu halten.
- unterstützt den Jugendlichen darin, Bewältigungs- und Lösungsstrategien zu entwickeln und umzusetzen.
- gestattet uns als begleitendes Lehrerteam den Beziehungskontakt zu einzelnen Schülern zu vertiefen und ermöglicht gleichzeitig im Klassenraum den Aufbau einer sicheren und vertrauensvollen Atmosphäre, die den Zielerreichungsprozess wie auch die Umsetzung von Lösungsstrategien begünstigen.
- begleitet Teambildungsprozesse im Lehrerteam. Die Lehrkräfte treffen Absprachen, bleiben miteinander in Kontakt und reflektieren in regelmäßigen Abständen ihre Führungspraxis. Die Kooperation und der Austausch im Team stärken den Zusammenhalt und das Gefühl erlebter sozialer Unterstützung im Schulalltag.
- begleitet Teambildungsprozesse im Klassenraum. Entsprechend der Phasen im Teambildungsprozess (Orientierung, Rollenfindung, Arbeitsphase, Ablösung) treten die Jugendlichen im Laufe des Monats November in die Arbeitsphase ein. Ab hier übernehmen sie zunehmend die Verantwortung für den eigenen Lernprozess. Sie erzielen in der Folge nicht nur bessere Noten, sie erleben auch ein höheres Maß an Selbstwirksamkeit, bezogen auf ihre eigenen Ziele.

Diese Vorgehensweise setzt seitens der Lehrkraft ein ausdrückliches Nachdenken über die Annahmen voraus, die dem eigenen Handeln zugrunde liegen. Jährlich durchgeführte Fortbildungen ermöglichen eine Reflexion über das eigene Werte- und Rollenverständnis sowie einen Austausch über eigene Erfahrungen im Prozess. Zugleich üben sich die Teammitglieder in den Techniken des Zuhörens und des Fragens und erweitern zunehmend ihre Fähigkeiten, mehr aus der Ebene des Erwachsenen-Ich heraus zu kommunizieren. Infolgedessen dienen die Lehrkräfte den Jugendlichen als Modell für gelingende Kommunikation und befähigen die Jugendlichen, ihr eigenes Kommunikationsverhalten weiterzuentwickeln.

5 Literaturauswahl

Antonovsky, Aaron; Sourani, Talma (1988): Family Sense of Coherence and Family Adaptation. Journal of Marriage and Family, Vol. 50, No. 1. 79-9.

Antons, Klaus (1992): Praxis der Gruppendynamik, Göttingen.

Appel, Stefan (2009): Handbuch Ganztagesschule. Praxis, Konzepte, Handreichungen. Schwalbach/Taunus.

Argyle, Michael (1972): Soziale Interaktion. Köln.

Barth, Anne-Rose (1992): Burnout bei Lehrern. Theoretische Aspekte und Ergebnisse einer Untersuchung. Göttingen.

Baus, Magdalene, Jacoby, Klaus (1976): Sozialpsychologie der Schulklasse. Bochum.

Bergner, Thomas, M. H. (2007): Burnout-Prävention. Das 9-Stufen-Programm zur Selbsthilfe. Stuttgart.

Bion, Wilfried R. (1971): Erfahrungen in Gruppen und andere Schriften. Stuttgart.

Bion, Wilfried R. (1992): Lernen durch Erfahrung. Frankfurt/M.

Böhnisch, Lothar (1992): Sozialpädagogik des Kindes- und Jugendalters. Eine Einführung, Weinheim/München.

Böllert, Karin; Otto, Hans-Uwe (Hg) (1993): Soziale Arbeit in einer neuen Republik. Anpassung oder Fortschritt, Bielefeld.

Buchkremer, Hansjosef (1995): Handbuch Sozialpädagogik. Dimensionen sozialer und gesellschaftlicher Entwicklungen durch Erziehung. Darmstadt.

Burisch, Matthias (2006): Das Burnout-Syndrom. Theorie der inneren Erschöpfung. Heidelberg.

Coelen Thomas, Otto Hans-Uwe .Hrsg. (2008) Grundbegriffe der Ganztagsbildung. Verlag für Sozialwissenschaften, Wiesbaden.

Coelen, Thomas; Otto, Hans-Uwe (2008): Grundbegriffe Ganztagsbildung. Das Handbuch. Wiesbaden.

Coelen, Thomas; Otto, Hans-Uwe (2008): Grundbegriffe Ganztagsbildung. Das Handbuch. Wiesbaden.

Cohn, Ruth C. (1975): Von der Psychoanalyse zur Themenzentrierten Interaktion. Stuttgart.

Cohn, Ruth C. (1981): Pädagogisch-therapeutische Interventionen (Bausteine) In: Von der Psychoanalyse zur themenzentrierten Interaktion. Stuttgart.

Dunker, Ludwig (2007): Kindliches Sammelverhalten. Methodisches, Rationales, Ästhetisches und Forschendes lernen im Grundschulalter. Sache Wort Zahl, Heft 87.

Erl, Willi (1974): Gruppenpädagogik in der Praxis. Tübingen.

Eyferth, Hanns; Otto, Hans-Uwe; Thiersch, Hans (Hg.): Handbuch Sozialarbeit/Sozialpädagogik. Neuwied.

Feuser, Georg (2002): Momente entwicklungslogischer Didaktik einer Allgemeinen (integrativen) Pädagogik. In: Eberwein, Hans; Knauer, Sabine (Hrsg.): Integrationspädagogik. Kinder mit und ohne Beeinträchtigung lernen gemeinsam. Ein Handbuch. 6., überarb. Aufl. Weinheim. 280-294.

Fischer-Epe, Maren (2002): Coaching: Miteinander Ziele erreichen. Berlin.

Frei, Bernadette (1996): Belastungen im Lehrerberuf. Zürich: Pädagogisches Institut der Universität Zürich.

Frik, Helmut (1976): Evangelium und Gruppenpädagogik. Stuttgart.

Gesundheitsförderung in der Schule. Förderprogramm „ Gesunde Schulen" Beispiele gelingender Praxis/ Robert Bosch Stiftung. Stuttgart.

Gogolin, I. Krüger-Potratz, M. (2004): Einführung in die Interkulturelle Pädagogik. Stuttgart.

Gudjons, Herbert (1995): Die themenzentrierte Interaktion (TZI). Ein Weg zum persönlich bedeutsamen Lernen. In: Pädagogik, Nr. 11, S. 10-13.

Gudjons, Herbert (2003): Pädagogisches Grundwissen. 8. Auflage. Bad Heilbrunn.

Hahn, Karin u.a. (Hg.) (1987): Gruppenarbeit: Themenzentriert. Mainz.

Hillert, Andreas; Schmitz, Edgar (Hrsg.) (2004): Psychosomatische Erkrankungen bei Lehrerinnen und Lehrern. Stuttgart.

Hobmair, Hermann (2008): Pädagogik. Troisdorf.

Hurrelmann Klaus, Bründel Heidrun. Gewalt an Schulen.Pädagogische Antworten auf eine soziale Krise. Weinheim/Basel.

Hurrelmann, Klaus (2000): Gesundheitssoziologie. Eine Einführung in sozialwissenschaftliche Theorien von Krankheitsprävention und Gesundheitsförderung. Weinheim/ München.

Klippert, Heinz (1998): Teamentwicklung im Klassenraum. Weinheim/Basel.

Kunz Heim D./ Nido Miriam (2008): Burnout im Lehrerberuf. Definition – Ursachen – Prävention. Ein Überblick über die aktuelle Literatur. FHNW/ Kompetenzzentrum RessourcenPlus R+: o.O.

Landesinstitut für Schule und Medien Berlin-Brandenburg (LISUM) (Hg.) (2008): Information zum Arbeitsgebiet Interkulturelle Bildung und Erziehung. Nr. 5. Berlin.

Langmaack, Barbara (2001): Einführung in die Themenzentrierte Interaktion TZI. Weinheim.

Langmaack, Barbara; Braune-Krickau, Michael (2000): Wie die Gruppe laufen lernt. Anregungen zum Planen und Leiten von Gruppen. Ein praktisches Lehrbuch. Weinheim/ Basel.

Lapassade, Georges (1972): Gruppen, Organisationen, Institutionen. Stuttgart.

Lapassade, Georges (1991): Themenzentrierte Interaktion. Einführende Texte rund ums Dreieck. Weinheim.

Lohmann, Gert (2011): Mit Schülern klarkommen. Berlin.

Märki, Anita (2000): Soziale Unterstützung im Lehrerberuf. Eine empirische Studie mit Lehrkräften der Primarstufe. Pädagogisches Institut der Universität Zürich. o.O.

Meyer, Ernst (Hg.) (1977): Handbuch Gruppenpädagogik. Heidelberg.

Mills, T. M. (1969): Soziologie der Gruppe. München.

Morris, Edward J. (1964): Motivation and Emotion. Upper Saddle River, N.J.

Niemeyer, Christian (1998): Klassiker der Sozialpädagogik. Einführung in die Theoriegeschichte einer Wissenschaft. Grundlagentexte Pädagogik. Weinheim/München.

Niemeyer, Christian (2003): Sozialpädagogik als Wissenschaft und Profession. Grundlagen, Kontroversen, Perspektiven. München.

Oerter, Rolf (1997): Psychologie des Spiels. Weinheim.

Pausch, Johannes; Terfurth, Christina (1993): Lebendiges Lernen - tötendes Lernen: eine Tabelle. In: Cohn, Ruth C.; Terfurth, Christina (Hg.): Lebendiges Lehren und Lernen. TZI macht Schule. Stuttgart. 388 - 391.

Pausewang, Freya; Strack-Rathke, Dorothea (2012): Kinder erziehen, bilden und betreuen. Berlin.

Perspektivrahmen Sachunterricht (2004): Gesellschaft für Didaktik des Sachunterrichtes Heilbronn.

Rauh, Bernhard (2011): Die Dialektik von Inklusion und Exklusion und ihre Bedeutung für die ‚Schule für alle'. In: Lütje-Klose, Birgit u.a. (Hg.): Inklusion in Bildungsinstitutionen. Eine Herausforderung an die Heil- und Sonderpädagogik. Bad Heilbrunn. 47-53.

Rauschenbach, Thomas (1999): Das Sozialpädagogische Jahrhundert. Analysen zur Entwicklung Sozialer Arbeit in der Moderne, Weinheim/München.

Reiser, Helmut; Lotz, Walter (1995): Themenzentrierte Interaktion als Pädagogik. Mainz.

Rösing, Ina (2008): Ist die Burnout-Forschung ausgebrannt? Analyse und Kritik der internationalen Burnout-Forschung. Heidelberg/Kröning.

Sbandi, Pio (1973): Gruppenpsychologie, München.

Schaarschmidt, Uwe; Kieschke, Ulf (Hrsg.) (2007): Gerüstet für den Schulalltag. Psychologische Unterstützungsangebote für Lehrerinnen und Lehrer. Weinheim/ Basel.

Schubarth Wilfried (2013): Gewalt und Mobbing an Schulen. Möglichkeiten der Prävention und Intervention. Stuttgart.

Sommer-Himmel, Roswitha (2011): Spielen ist das Allerwichtigste überhaupt. In: Spielmobilszene 2011, Nr. 31. München. online verfügbar: http://spielmobile.de/bag-shop/spielmobilszene/

Spangenberg, Kurt (1969): Chancen der Gruppenpädagogik. Gruppendynamische Modelle für Erziehung und Unterricht. Weinheim.

Spangenberg, Kurt (1969): Chancen der Gruppenpädagogik. Gruppendynamische Modelle für Erziehung und Unterricht. Weinheim.

Spitzer Manfred (1996) Geist im Netz. Modelle für Lernen, Denken und Handeln. Heidelberg.

Standop, Jutta (2008): Grundschulen in ganztägiger Form. In: Grundbegriffe Ganztagsbildung. In: Coelen, Thomas; Otto, Hans-Uwe (Hg.): Das Handbuch. Wiesbaden. 527-537.

Stickelmann, Bernd; Frühauf, Hans-Peter (Hrsg.) (2003): Kindheit und sozialpädagogisches Handeln. Auswirkungen der Kindheitsforschung. Weinheim/München.

Strätz, Rainer; Hermens, Claudia; Fuchs, Ragnhild; Kleinen Karin; Nordt, Gabriele; Wiedemann, Petra (2008): Qualität für Schulkinder in Tageseinrichtungen und Offenen Ganztagsgrundschulen. 2.Aufl. Berlin.

Tenorth, Heinz-Elmar (1994): Alle alles zu lehren. Möglichkeiten und Perspektiven allgemeiner Bildung. Darmstadt.

Thiersch, Hans (1986): Die Erfahrung der Wirklichkeit. Perspektiven einer alltagsorientierten Sozialpädagogik, Weinheim/München.

Thiersch, Hans (2006): Leben lernen. Bildungskonzepte und sozialpädagogische Aufgaben. In: Otto, Hans-Uwe; Oelkers, Jürgen (Hg.) (2006): Zeitgemäße Bildung. Herausforderungen für Erziehungswissenschaft und Bildungspolitik. München.

Thiersch, Hans (2009): Bildung und Sozialpädagogik. In: Henschel, Angelika; Krüger, Rolf; Schmitt, Christof; Stange, Waldemar (Hg.): Jugendhilfe und Schule. Handbuch für eine gelingende Kooperation. Wiesbaden. 25–38.

Thimm, Karlheinz (2010): Jugendarbeit und Ganztagesschule – ein Kooperationsplädoyer für ein Risiko mit ungewissem Ausgang. In: Deinet, Ulrich, Icking, Maria (Hg.) (2010): Jugendhilfe und Schule. Analysen und Konzepte für die kommunale Kooperation. Opladen.

Tuckman, Bruce W. (1965): Development sequence in small groups. In: Psychological Bulletin, Nr. 6, 384-399.

Von Reedken, Dietmar(1999): Historisches lernen im Sachunterricht, Bd. 2. Hohengehren.

Walk Laura (2011) Lernrelevante Erkenntnisse der Gehirnforschung. Bewegung formt das Gehirn http://www.diezeitschrift.de/12011/walk1001.pdf (19.05.2013).

Walter, Günter (1993): Spiel und Spielpraxis in der Grundschule. Donauwörth.

Watzlawik, Paul u.a. (2000): Menschliche Kommunikation, Bern.

Wierlacher, Alois; Bogner Andrea (Hg.) (2003): Handbuch interkulturelle Gerministik. Stuttgart.

Zeller, Maren (Hg.) (2007): Die sozialpädagogische Verantwortung der Schule. Kooperation von Ganztagesschule und Jugendhilfe, Baltmannsweiler.

Züchner, Ivo (2010): Operation Ganztagesschule. In: Deutsches Jugendinstitut DJI Bulletin Plus, Heft 91, 3/2010, München. 4–7.

87, 89, 90, 91, 92, 93, 94, 95,
96, 98, 99, 100, 101, 104, 105,
106, 107, 108, 109, 110, 111,
112, 113, 114, 123, 124, 126,
127, 128, 130, 131, 135, 136,
138, 140, 141, 147, 160, 170,
171
Kommunikation 21, 43, 61, 62, 63,
81, 91, 102, 134, 139, 142, 149,
156, 157, 164, 167, 173
Kommunikationsfähigkeit 97
Kompetenz 31, 77, 81, 90, 92, 122,
159
Kompetenzen 5, 22, 36, 72, 96, 97,
122, 123, 126, 141, 142, 161
Lebensbewältigungskompetenz 27
Lehrkraft ... 60, 116, 123, 129, 157,
163, 165, 166
Lehrperson .. 71, 81, 154, 155, 156
Lerncoaching 136
Lernen *9*
Managing Diversity .. 12, 116, 120,
123
Menschbild 27
Motivation 21, 75, 80, 105, 114,
166, 171
Motive 14, 41, 42, 65, 72
Phasen .. 46, 47, 49, 50, 51, 65, 76,
78, 84, 103, 166
Pluralität 32, 35, 117, 159
Qualifikation 7, 72
Reflexionsfragen *37, 65, 143*
Rollen ... 46, 47, 50, 57, 58, 59, 65,
82, 94, 114, 154

Rollenspiel 60, 93, 96
Schule *7, 9, 10, 116*
Schulsozialarbeit 7
Selbstwahrnehmung 81, 99
Sicherheit 75, 94, 103, 108
Spiel 12, 20, 48, 92, 93, 94, 95, 96,
97, 100, 103, 107, 173
Spielformen 14, 91, 94, 95, 105
System 9, 20, 44, 45, 50, 60, 87,
119, 128, 149, 153, 156
Täter 27, 35
Teilhabe . 117, 131, 132, 135, 136,
137, 159
TZI ... 12, 51, 52, 53, 55, 60, 61, 64,
65, 146, 147, 148, 149, 152,
153, 154, 155, 156, 170, 171
Unterrichtsqualität 31
Verantwortung .. 8, 18, 21, 24, 38,
96, 117, 118, 126, 143, 147,
149, 150, 151, 153, 154, 155,
166, 173
Verhalten ... 28, 29, 32, 33, 34, 40,
41, 45, 47, 49, 55, 57, 59, 62,
73, 79, 88, 101, 102, 104, 130,
149, 165
Vielfalt. 9, 10, 12, 21, 32, 106, 116,
117, 118, 122, 123, 124, 125,
131, 140, 141, 142
Wahrnehmung. 8, 33, 41, 73, 126,
140, 141, 148
Wertschätzung .. 97, 118, 119, 130
Zusammenarbeit 20, 21, 22, 23,
24, 25, 26, 60, 61, 71, 89, 92,
121, 161

6 Register

Aggressionen 28, 79, 83, 101
Aggressivität 28
Angebot 5, 6, 16, 22, 38, 59, 60, 84, 87, 88, 91, 105, 106, 107, 109, 110, 111, 112, 113, 114, 155, 156, 162
Angebote 5, 10, 12, 14, 16, 20, 21, 87, 89, 90, 91, 102, 103, 105, 106, 107, 109, 112, 113, 114, 117, 124, 135, 136, 139
Aufgabe 8, 65, *143*
Bedürfnisse ... 8, 42, 43, 46, 63, 78, 91, 97, 99, 129, 135, 151
Behinderung .. 127, 129, 130, 131, 132
Belastungen 71, 72, 74, 75, 80, 154, 170
Betreuung. 5, 7, 10, 16, 22, 23, 90, 131
Bewegung. 12, 20, 67, 98, 99, 100, 101, 103, 104, 124, 172
Bildung 5, 6, 7, *9*, 10, 18, 22, 23, 24, 36, 90, 114, 116, 117, 118, 126, 129, 135, 136, 139, 140, 141, 144, 158, 160, 161, 170, 172
Bildungshandeln 117
Burnout. 67, 69, 70, 71, 72, 75, 76, 77, 78, 81, 82, 83, 84, 169, 170, 171
Delinquenz 27, 32, 33, 34
Devianz 27, 32
Diagnostik 132, 136
Eltern .. 6, 7, 19, 20, 21, 22, 23, 24, 25, 26, 71, 81, 92, 106, 111, 124, 136, 161
Enrichment 14, 120, 121, 122
Entwicklung 5, 7, 8, 23, 30, 50, 67, 77, 83, 92, 97, 99, 104, 129, 130, 134, 136, 141, 142, 147, 148, 156, 160, 161, 163, 171
Entwicklungsprozesse 89
Erziehung 7, 22, 24, 27, 36, 37, 109, 111, 114, 126, 129, 141, 142, 158, 160, 161, 169, 170, 172
Familie *8*
Förderung 8, 19, 20, 29, 36, 90, 105, 118, 120, 129, 130, 132, 135, 136, 161, 162, 163
Ganztagesschule .. 7, *10*, 102, 123, 126, 169, 172, 173
Gesellschaft 26, 27, 32, 39, 43, 84, 117, 131, 141, 150, 152, 153, 158, 159, 160, 171
Gesundheit. 41, 42, 65, 67, 73, 74, 79, 81, 83, 132, 147
Gewalt 27, 28, 29, 30, 32, 34, 149, 170, 171
Gruppenpädagogik 12, 37, 38, 170, 171, 172
Hilfsregel 61, 62
Individuum . 40, 41, 43, 65, 72, 76, 77, 78, 80, 84, 149, 151
Inklusion. 9, 12, 14, 123, 127, 128, 129, 130, 131, 171
Integration . 12, 14, 123, 127, 128, 131, 140
Interaktion . 12, 13, 35, 43, 51, 53, 61, 62, 65, 67, 91, 142, 146, 147, 149, 152, 154, 155, 169, 170, 171
Interkulturalität . 12, 13, 122, 137, 138, 139, 143, 158, 159, 161
Interreligiosität 12, 122, 138
Jugendhilfe 7, 33, 35, 137, 172, 173
Kinder 8, 17, 18, 19, 20, 21, 23, 24, 25, 26, 30, 32, 33, 47, 48, 49,